İCH BİN VİELE!

Neue ungehaltene Reden
ungehaltener Frauen

Herausgeberinnen Friederike Emmerling, Judith Schmid,
Johanna Schwung und Julia Blando

FISCHER
TASCHENBUCH

Erschienen bei FISCHER Taschenbuch
Frankfurt am Main, 2025

Für diese Ausgabe:
© 2025 S. Fischer Verlag GmbH,
Hedderichstr. 114, 60596 Frankfurt am Main
Die Nutzung unserer Werke für Text- und Data-Mining
im Sinne von § 44b UrhG behalten wir uns explizit vor.
Satz: Dörlemann Satz, Lemförde
Druck und Bindung: CPI books GmbH, Leck
ISBN 978-3-596-71208-3

Kontaktadresse nach EU-Produktsicherheitsverordnung:
produktsicherheit@fischerverlage.de

Inhalt

Vorwort

»Ich bin VIELE!« ist das Zitat einer ungehaltenen Rede von Sandra Meyer, die in der letzten Anthologie abgedruckt wurde. Jahr für Jahr werden die Anthologien durch Titel aus dem Vorjahr miteinander verbunden. Der erste Titel »Sag jetzt nichts, lass mich zu Ende reden« stammte von Christine Brückner, ohne deren Buch »Wenn du geredet hättest, Desdemona. Ungehaltene Reden ungehaltener Frauen« dieses Projekt niemals entstanden wäre. Das zweite Buch »Aber jetzt ist Schluss« entlieh seinen Titel der Rede von Eva Schulz-Jander, die dafür plädierte, lustvoll altern zu dürfen. Sandra Meyer beschrieb in ihrer Rede »Ich bin VIELE!« Frauen[1] in den Wechseljahren und die damit einhergehende Irritation, auf einmal unsichtbar zu werden. Bei jeder ungehaltenen Rede wird schnell spürbar, wie viele Frauen sich mitgemeint fühlen – im Kleinen wie im Großen. 2024 ging das Ungehalten-Projekt in die vierte Runde, bislang wurden insgesamt über 400 Reden bei der Stiftung Brückner-Kühner eingereicht. 141 allein im vergangenen Jahr. Da sich das Politische immer auch im Privaten zeigt, dokumentieren die ungehaltenen Reden den weiblichen Blick auf unsere Gegenwart. Die Schwerpunkte verschieben sich mit den Krisen. In diesem Buch sind viele Mütter ungehalten. Auch viele Töchter. Gleichzeitig nehmen Männer viel Raum ein. Als Väter, Söhne, Geliebte, aber auch als Täter. Die Ungehaltenen erzählen von den Absurditäten und Fragilitäten ihres Alltags, von den konkreten Auswirkungen des Rechtsrucks, aber auch von dem Druck, perfekt sein zu wollen. Von Queerness und Menschen mit Beeinträchtigung, von der Ungerechtigkeit des Vergessens, von der Ohnmacht der Kranken,von der nicht nachlassenden Omnipräsenz männlich etablierter Strukturen, aber auch von der Liebe.

Kennen Sie das französische Gebäck Millefeuille? Übersetzt heißt es Tausendblatt und besteht aus vielen Lagen, die hauchdünn aus Blätterteig geschichtet und je nach gusto mit Pudding, Marmelade oder Sahne verdichtet, schließlich mit Zuckerguss bezogen werden. Es schmeckt nicht nur köstlich, sondern bekommt im Zusammenhang mit »Ich bin VIELE!« eine völlig neue Bedeutung. Millefeuille könnte auch eine Beschreibung für die Beschaffenheit des Menschen sein. Wie das Gebäck besteht auch er aus vielen tausend Schichten, die sich aus Erfahrungen und Prägungen speisen. Wie leicht müsste es doch sein, zarte Gemeinsamkeiten zu entdecken? Wer würde da noch dem schnellen Vorurteil erliegen wollen? »Ich bin VIELE!« wäre nicht mehr nur Fakt, sondern auch fröhliche Drohung, der emotionalen Verrohung einfach und offenherzig unsere Vielschichtigkeit entgegenzusetzen.

Für das Cover dieses Buchs hat die Künstlerin Antonia Milzner den Titel zum Symbol gemacht. »Ich bin VIELE!« könnte eine Flamme sein, eine Vulva, ein Hinterkopf, ein Muskelstrang oder einfach nur ein wunderbar wucherndes Geflecht. Die Vielschichtigkeit jeder Einzelnen, aber auch die empowernde Wirkung jeder einzelnen Rede wurden hier beeindruckend verschmolzen. Eins ist gewiss: »Ich bin VIELE!« meint uns alle.

Seien Sie deshalb herzlich eingeladen, mit uns gemeinsam ungehalten zu sein. Und seien Sie gleichzeitig großzügig, wenn eine Rede nicht Ihrer Meinung entspricht. Überlegen Sie sich einfach eine gute Entgegnung. Vielleicht sogar in Form einer ungehaltenen Rede! Wir freuen uns schon darauf.

Friederike Emmerling

---

1 Der Begriff Frau meint in diesem Buch und im Kontext des Ungehalten-Projekts der Stiftung Brückner-Kühner und des S. Fischer Theaterverlags alle Menschen, die sich als Frauen identifizieren. Das Wort Frau soll als Einladung verstanden werden, nicht als Ausgrenzung.

11

Yasmin Hahn

Junge Mädchen

0

Was das Licht der Welt erblicken wird, ist noch nicht klar. Junge? Mädchen? Mensch wahrscheinlich. Ein unbeschriebenes Blatt. Ungeträumte Träume und doch ist der Nachbar sich sicher:
»Viel Spaß, wenn es ein Mädchen wird. Rumgezicke. Vor allem, wenn sie ihre ›ihr wisst schon was‹ haben.«
So wird über sie geredet. Sie hat noch keinen einzigen Tropfen Blut verloren.
»Immerhin was Positives für den Haushalt. Jungs sind da ja nicht so.«
So wird über sie geredet. Sie hat noch keinen einzigen Teller gespült.

1

»Blauer Body? Ich dachte, es ist ein Mädchen. Und dann die Haare. Wieder ganz kurz. Ihr legt es aber darauf an, dass die Kleine »Kleiner« genannt wird. Bald spielt sie dann Fußball, stimmt's? Warum kann man Mädchen nicht einfach wie Mädchen behandeln, vor allem in diesem Alter.«
Mädchen wie Mädchen behandeln. Von Anfang an. Ihnen

beibringen, dass es nur eine denkbare Art und Weise gibt, ihr Leben zu gestalten. Sie in, für ihr Alter, viel zu knappe Kleidung zu stecken, damit sie bloß nicht auf die Idee kommen könnten, dass ihr Körper ihnen gehöre. Dein Aussehen muss dem allgemeinen Wohl dienen. Hierbei kann sie noch nicht einmal das Konzept einer Frisur begreifen und die Farbe ihrer Kleidung ist ihr auch total egal, solange der Komfort ausreichend ist. Also mach mal halblang, du binärer Dogmatist.

4

Sie macht jetzt Ballett. Ihre Großmutter wollte es schließlich so. Ob sie das wirklich will, sei in den Raum gestellt. Aber sie wird noch früh genug dankbar dafür sein, heißt es. Denn ein solcher Sport gehört sich für »feine Damen«, hält sie schlank, lehrt sie Körperbeherrschung. Diese braucht man als Frau in dieser Welt. Zum Beispiel wenn die Ballettlehrerin sich mal wieder mit ihren Körpervorurteilen nicht zurückhalten kann.

»Mädels, wer in diesem Sport erfolgreich sein will, muss seinen Babyspeck loswerden. Das war im Ballett schon immer so. Die Pummeligen machen es sich damit auch nur schwerer, als sie es eigentlich haben müssten. Ich mein das ja auch nicht böse. Das wisst ihr doch hoffentlich.«

Bei Bodyshaming heißt es doch immer, dass das doch jetzt nicht böse gemeint war.

»Aber tut es wenigstens für euch selbst, und ihr werdet mir noch dankbar sein. Jungs achten auf so was.«

Noch so ein »du wirst mir schon noch danken«. Ich be-

14

zweifle, dass man der Person, die einem weismachen will,
dass es nur eine einzige gesunde und liebenswerte Figur gibt,
je dankbar sein kann. Wenn es um Gesundheit geht, geht es
nicht um die Kilogramm, Madame.

11

In der Mittelstufe sitzt sie in der ersten Reihe, aber aus der
letzten Reihe kommen die Sprüche:
»Sie ist so eine Streberin, wie sie da vorne sitzt und sich
bei jeder Kleinigkeit meldet.
So eine Komische.«
Sie kennen den Leistungsdruck nicht. Der, der durch ihre
Adern fließt, wie die 1000 Träume einer Frau, die sich haar-
scharf keine Fehler leisten darf. So liest man es zumindest im
Gender Gap Paragraph.

12

Es ist nicht so, als würde es jetzt erst mit der Sexualisierung
losgehen. Aber gerade jetzt fängt ein ganz bestimmtes Problem für sie an. Erst sind deine Brüste zu klein. Dann sollst
du dir mal endlich einen »Büstenhalter« kaufen, weil man
die Nippel sieht. Da ist es ganz egal, ob es etwas zu halten
gibt oder nicht. Dann aber einen anderen BH, da in dem roten deine Brüste zu groß aussehen und du dich dann nicht
wundern müsstest, wenn du angepfiffen werden würdest.
Auch später, wenn du dein Kind stillen musst, wie eine gute
Mutter es nun mal tut, sollst du es lieber doch nicht machen.
Zumindest nicht in der Öffentlichkeit. Da kann man sich
doch nicht so entblößen. Auch im Alter, wenn man denkt,
jetzt ist es endlich vorbei, kommt die Hängebrüste-Polizei.

13

Auf einmal verändert sich alles. Pubertät und Pickel. Jungs und Jammer. Tabak und Traurigkeit. Sie ist oft »traurig«. Diesen Begriff nutzen ihre Eltern zumindest immer. Sie ist aber auch in der Schule nicht mehr so gut, wie sie früher einmal war. Manchmal kann sie morgens nicht einmal aufstehen. Ihr Körper gehorcht ihr dann nicht. Ihr Kopf auch nicht. Aber sie sucht sich das nicht aus. Sie will raus. Raus aus diesem Körper. Ihr fehlen die Wörter. Ihr Kopf tickt so wie eine Bombe. Sanduhr. Doch wenn sie mit ihr darüber sprechen, sagen sie immer nur:

»Ach, das ist die Pubertät. Das hatten wir doch alle mal, aber keine Sorge, das geht vorbei. Ein bisschen Traurigkeit ist ja auch normal.«

Normal, das ist, wenn man normal ist. Wenn man sich aber als junges Mädchen biegt und dreht und quält, verfehlt, erzählt, dass ein Geist den eigenen Kopf schmälert, ist das dann immer noch normal?

»Warst du denn schon mal bei der Frauenärztin? Bei Mädchen in dem Alter ist das eigentlich immer die Periode. Die sorgt für ein ganz schönes Gefühlschaos. Doch ich habe einen Tipp für deine weibliche Reise, denn es gibt ja glücklicherweise ...«

17

Die Pille. Ein Beipackzettel so groß, dass man sich damit zudecken kann, wenn man friert. Der muss aber so groß sein, damit all die sehr häufigen, häufigen, gelegentlichen, seltenen und sehr seltenen Nebenwirkungen darauf Platz fin-

den. Drei der häufigsten sind zum Beispiel Akne, Gewichts-
veränderungen und Stimmungsschwankungen. Ich zitiere
aus einer Packungsbeilage, »einschließlich Depressionen«.
Das wird ihr bestimmt helfen. Aber für ihren Vater gibt es
da noch einen anderen Faktor. Ob er weiß, was die ganzen
Hormone mit seiner Tochter machen? Keine Ahnung. Was
er jedoch zu wissen scheint:
»Die Pille ist was ganz Normales, Liebes. Ich will nicht,
dass du mir hier schwanger wirst, jetzt wo du deinen ersten
Freund hast. Ich weiß, wie das in jungen Jahren ist. Geht
rucki zucki.«

Frauen sind nicht dazu in der Lage, selbst zu entscheiden,
wie sie verhüten wollen. Daher höchste Priorität: Kontrollen,
Kontrollen, Kontrollen.

18

Ihr Leben fängt jetzt noch mal auf eine ganz andere Art und
Weise an. Altbauwohnung und Arbeitswelt. Migräne und
Mutter sein. Kalorien und Körperliebe.

Doch jetzt. Jetzt steht sie erst mal hier. Vor euch. Oder
vielleicht sitzt sie im Publikum. Im Grunde genommen ist
es egal, denn sie ist überall. Sie lebt in jeder beschriebenen
Situation. Und jede Situation lebt in jungen Mädchen.

Yasmin Hahn, geboren 2006 in Wolfhagen, besucht
zurzeit die 13. Klasse der Walter-Lübcke-Schule in
Wolfhagen. Die politische Rolle, die Sprache ein-
nehmen kann, fasziniert sie sehr.

Elham Moghadas

So finster könne es doch nicht sein

Mein Sohn meinte, so finster könne es doch nicht sein.
Wir waren in der Küche, und ich erzählte ihm eine Geschichte aus meiner Schulzeit, als ich in seinem Alter war.
Er sagte, es sei kaum zu glauben – so finster könne es doch
nicht sein.

Erstaunlicherweise versank ich in die bitteren Jahren
meiner Schulzeit an einer Mädchenschule. In diesen Jahren
wurden wir ständig wie Kriminelle behandelt und fühlten
uns auch so. Eine Mädchenschule im Iran der 80er Jahre
war kein Ort des Lernens, des Selbstvertrauens und der
Stärke. Es war vielmehr ein schreckliches Gefängnis mit
mittelalterlichen Erziehungsmethoden, die darauf abziel-
ten, uns zu brechen und zu vernichten.

Sie sagen jetzt, so finster könne es doch nicht gewesen
sein? Schauen Sie sich heute Abend einen Horrorfilm an,
der in einem Kloster mit strengen Nonnen spielt, die nur von
Sünden und der Hölle sprechen. Gönnen Sie sich ein paar
Nächte mit Albträumen. Sie werden dann sicher sagen, dass
es bloß ein Spielfilm ist und so finster könne es doch nicht
sein. Es war schlimmer, als Sie es sich vorstellen können.

Wir waren Gefangene, wir waren alle Kriminelle und Sünder. Einen Liebesroman in die Schule zu schmuggeln, war gleichbedeutend mit dem Schmuggel von Drogen in eine normale Schule in einem normalen Land. Beide ließen uns von einer Traumwelt träumen: hinauf zu den Wolken, wo hübsche junge Damen in schönen Kleidern und hohen Absätzen mit charmanten jungen Gentlemen in eleganten Anzügen plauderten. So traumhaft konnte es doch nicht sein. Doch genau so war es. Liebesromane waren für uns ein Tor in eine andere Welt. In unserer Welt sahen wir die Bilder junger Männer in Traueranzeigen oder inmitten von Blumenkränzen an jeder Straßenecke als Gefallene. Es war auch Kriegszeit.

Wir trugen die hässlichsten Kleider der Welt in den hässlichsten Farben der Welt und mussten fünf Stunden oder mehr pro Tag in einem kurzen Schleier verbringen, der dem Nonnenhabit ähnelte.

»Spieglein, Spieglein an der Wand, wer ist die Schönste im ganzen Land?« Das war ein verzweifelter Versuch, schön zu sein. Wenn ein Mädchen mit einem kleinen Spiegel in der Schultasche erwischt wurde, konnte sie eine Woche von der Schule suspendiert werden. Schön zu sein und jeder Versuch, schöner zu werden, war eine Todsünde. So war es damals. Ein Mädchen sollte entweder hübsch oder klug sein. Die schönen Mädchen konnten oft das nächste Schuljahr nicht besuchen. Man schaute, ob sie wie Lämmer vor dem Opferfest genügend gewachsen waren. Es war schade, wenn man sowohl über Schönheit als auch über Klugheit verfügte. Jedes Jahr kamen einige Mädchen nicht zur Schule zurück. Bei uns durften die verheirateten Frauen, auch wenn sie nur verlobt waren, nicht zur normalen Schule kommen. Sie heirateten und wurden bald Mütter und hatten viel zu tun; da blieben keine Kraft und Motivation für die Abendschule. Und jedes Jahr wurden unzählige Wünsche verweht.

Glücklich oder unglücklich konnten sie überleben. Manche Mädchen umarmten einen anderen Bräutigam, nämlich den Tod. Wir bemerkten oft nicht einmal, ob es Selbstmord war oder die Familie diesen Selbstmord vorbereitet hatte. Wir nahmen an der Trauerfeier einer Schulkameradin teil, die das Feuer als Lösung gewählt hatte oder für die es gewählt wurde. Halwa und Datteln, Trauer und Tränen. Schwarz, schwarz, schwarz war die Modefarbe unserer Zeit.

Habe ich Sie erschreckt? Ich habe doch gesagt, dass es eine Horrorgeschichte ist. Ach, ich habe Sie nicht gewarnt? Egal. Aber jetzt wissen Sie, was Sie lesen / hören. Doch man durfte in der Schule kein Schwarz tragen, weil die Schulbehörde meinte, dass es zu schick für die Schule sei. Die Uniformfarben waren dunkel und hässlich. Auch an warmen Tagen durften wir keine hellen Kleider tragen. Nicht nur Kleider, sondern auch Taschen, Schuhe und Socken.

Vor der Schultür kontrollierten jeden Tag zwei Schülerinnen unsere Taschen, damit wir keine Kassetten, Romane, Deos oder Schminke in den heiligen Raum der Schule schmuggeln konnten. Das war ein täglicher Albtraum: Du standest vor der Tür, und bei jeder Untersuchung konnte herauskommen, dass du etwas Verbotenes, etwas Gefährliches dabei hattest. Ganz zu schweigen von den Dämonen in Form der Erzieherinnen, die neben dem Ordnungsamt der Schule so stark und effektiv wie die Gestapo oder die Stasi waren. Auch hier spielten sie die Rollen von *Good Cop, Bad Cop*. Man konnte die bösen Erzieherinnen leicht an ihrem strengen Hijab, ihren Schnurrbärten, ihrem bösen Blick und dem Hass in ihren Worten erkennen und sich von ihnen distanzieren. Es gab aber auch die netten Erzieherinnen, die dir wie erfahrene Verhörexperten nahekamen und in fünf Minuten wussten, wer was machte. Was man las, mit wem man in Kontakt war, welche Hobbys man hatte, und am wichtigsten, was die Familie machte – alles konnte zu einer unlösbaren Katastrophe für Gegenwart oder Zukunft führen. Egal, ob man in der Universitäten-Aufnahmeprüfung eine gute Note bekam, eine negative Begutachtung von Erzieherinnen der Schule konnte die Tür zur Uni und einer besseren Zukunft für immer schließen.

Lassen wir die Gute-Nacht-Geschichten über die Hölle und unsere Sünden beiseite. Ich will Ihre Nächte nicht auch noch verderben. Zwölf Jahre muss man in diesem System überleben. Zwölf verdammte Jahre, sieben davon waren die schlimmsten. Drei Jahre Mittelschule und vier Jahre Oberstufe. Denn die Mischung von Pubertät, Rebellion und den dummen Vorschriften der Mädchenschule war sehr giftig. Man durfte nicht laut lachen, laufen, Fußball spielen – von Tanzen und Singen ganz zu schweigen. Und das könne nicht so finster sein? Besser gesagt, es dürfte nicht so finster sein. Aber es war, wie es war, in der Schule, in unserem zweiten Zuhause. All diese Jahre versuchten sie, uns Hass und Angst einzuflößen. Hass auf andere, Angst vor anderen. Zu diesen anderen gehörte eine Schulkameradin, die sich kürzlich verlobt hatte. Sie könnte den Schleier unserer Unschuld mit sexuellen Beschreibungen zerreißen und unsere Seele verderben, ebenso wie die Mädchen, die einen Freund oder Verehrer hatten. In Bezug auf Begehren und Sex war alles, was wir hörten und erfuhren, immer nur von Schuld und Höllenqualen geprägt. Zu diesen anderen gehörten auch die wenigen Schulkameradinnen, die andere Religionen hatten. Sie galten als unrein und gefährlich, und wenn man ihre nasse Hand ergriff, musste man sich gründlich waschen. Ganz zu schweigen von den anderen, die andere Überzeugungen hatten. Diese wurden als fremd und feindselig bezeichnet. Die Schulbehörden selbst waren Feinde der hellen Farben, des Lichts, der Musik und der Fröhlichkeit sowie von allem, was mit dem Westen verbunden war.

Natürlich fragen Sie sich jetzt, wo unsere Lehrerinnen waren. Was taten sie gegen das giftige erzieherische Umfeld der Schulen? Im besten Fall lehrten sie uns nur ihr Fach gut und gaben hin und wieder ganz versteckt einige Hinweise und Ratschläge während ihres Unterrichts. Sie hatten auch viel Angst vor der Schulbehörde, denn jeder Bericht von der Schulleiterin oder den Erzieherinnen konnte ihre Karriere ruinieren oder zu ihrer Kündigung führen. Schweigen war leider immer das beste Schutzmittel.

Wer hatte Schuld daran? Unsere Familien, die aus Angst so taten, als ob alles in Ordnung sei? Oder das Schulsystem, das nach den Regeln und Vorschriften eine Masse frommer, religiöser, zukünftiger Ehefrauen und Mütter erziehen wollte? Niemand hatte uns gewarnt, welche Dunkelheit wir dort erleben würden. Wenn jemand von den schönen Schulerinnerungen und Freundschaften in der Schule erzählt, werde ich wirklich wütend. Natürlich findet man auch im Knast Freunde oder erlebt seltene schöne Momente. Aber diese lassen nicht die große Bosheit und das Verbrechen übersehen. Wir waren Kinder, wir hatten keine Schuld. Die Schule sollte eigentlich unser zweites Zuhause sein.

Meine Generation ist voller Wut, Schmerz und dem Neid eines ungelebten Lebens. Wir sind Überlebende, aber unsere Körper und Seelen sind von nicht heilenden Wunden bedeckt. Wir hatten keine Zeit, zur Therapie zu gehen. Therapie war ein Luxus, den wir uns weder zeitlich noch finanziell leisten konnten. Wir mussten von einem Gefecht zum nächsten gehen, pausenlos, verletzt und blutig. Wir sind Überlebende eines ewigen Kriegs. Doch eines können wir gut, und das tun wir gerne: Wir schreien unserer Mädchenschule und allen Erzieherinnen entgegen: »Wir leben noch, ihr Arschlöcher, die ihr unser Leben ruiniert habt. Wir leben noch, wir kämpfen und gewinnen.«

Elham Moghadas, geboren 1972 in Teheran (Iran),
studierte Deutsche Sprache und Literatur und ist
Doktorandin der Germanistik mit Schwerpunkt Kinder-
und Jugendliteratur (KJL) in Bielefeld. Sie arbeitet als
Übersetzerin im Bereich Kinder- und Jugendliteratur,
Bibliothekarin und freie Journalistin. Seit 2018 lebt sie
in Deutschland.

Felicitas Fiora Mari Reinbacher

An den Mann mit der großen Geduld

»*Ich hab mich gefreut, dich heute im Training zu seh'n*«,
Sagst du und bleibst zu nah neben mir steh'n.
Ich bin stolz und nur am Sport int'ressiert,
Aber dir gefallen meine Beine, hab' sie gestern rasiert.

Du setzt deine Brille auf, um mich besser zu seh'n.
Und den Blick nur auf mich, lässt du die ander'n schon
geh'n.

Ich bin die Frau, das kleine Mädchen, die Schlampe.
Und ich habe Schuld, denn du bist der Mann mit der
großen Geduld.

Und das T-Shirt bitte kurz, ja klar, denn es ist warm.
Doch warum nur ich? Was hab' ich getan?

»*Du sahst heute im Training nicht gut aus, ist alles okay?*«
»*Ja, alles gut, it just wasn't my day.*«
Und »*du wirst immer dünner*«, sagst du, Augenkontakt,
Doch klar: Ich bin es, ich hab's verkackt.

Die Schuld liegt bei mir, denn meine Haare sind blond.
Es ist mein Vergehen, dass bei dir Wollust aufkommt.
Denn ich bin die Dumme, die dafür fällt,
Und du nur ein Trainer, der was auf sich hält.
Wir üben schmettern, du greifst meinen Arm,
Warum nur ich? Was hab ich getan?

Zu Hause erzähle ich dann stolz, wie es lief,
Denn wahrscheinlich geht hier ja doch gar nichts schief.
Ich spiele halt gut, und du weißt das zu schätzen,
Ein Trainer wie du, würde mich niemals verletzen.

Eine Stunde in der Halle verpasse ich nie,
Denn Mannschaft und Sport sind meine Leidenschaft,
    manchmal wie Therapie.
Wenn alle negativen Gedanken aus meinem Gehirn
    klettern,
Weil wir als Team pritschen und stellen und schmettern.

Doch dann kommen Nachrichten und Anrufe dazu,
Du sagst:»Wen ich mehr mag, als alle anderen, bist du.«
Und jetzt versteh' ich, worum's dir hier geht,
Weil bei dir was ganz anderes steht.

Doch neuer Tag, neues Training, vielleicht neuer Start?
Ich komme wie immer, du kommst auch, nur auf eine
    andere Art.

Und ich?
Paranoid wegen 'nem Klingelton
Doch, die Schuld liegt bei mir, denn es ist meine Emotion
Alle anderen spiel'n weiter, als liefe es nach Plan,
Nur du holst mich zur Seite, lachst:
»Ich kann dich überall hinfahr'n
Auch nachts.«

Dann der Kussmund bei WhatsApp von dir.
Doch die Schuld, die liegt natürlich bei mir.
Ich provozier's, es ist mein Problem.
Und ganz sicher nicht dein Vergehen.

Meine Mutter hat den Kussmund zufällig gesehen,
Doch ich nehm dich in Schutz, denn nie könnte jemand
    verstehen,
Wie mein Herzschlag wegen dir unkontrolliert steigt,
So dass am Ende nur noch Lügen bleibt.

Also sage ich: *»Kein Grund, sich Sorgen zu machen,*
Deine Art zu schreiben, die ist einfach so«,
Mama, du siehst mich doch lachen.
Und wenn man lacht, ist man froh.

Aber warum darf ich nicht mit den anderen nach dem
    Training nach Hause laufen?
Warum hab' ich das Gefühl, ich muss mir mit meinem
    Körper dein Lob erkaufen?

Wie kann es sein, dass die anderen deine eindeutige Geste
heute wie gestern nicht sah'n?
Warum nur ich? Was hab ich getan?

Inzwischen riechen meine Haare genauso wie du.
Und ich, ich gebe nur ungerne zu,
Dass ich deinen Geruch mal comforting fand,
Aber jetzt hältst du mich zu fest an der Hand.
Du tust mir weh und du weißt es genau.
Doch ich werde nichts sagen und du fühlst dich schlau.
»Sie wollte es so«, wird es sonst wieder heißen,
Also werde ich mich weiter zusammenreißen.
Denn ich bin die Frau, das kleine Mädchen, die Schlampe.
Und ich habe Schuld, denn du bist der Mann mit der
großen Geduld.

Ich frage mich, warum muss, was wie Interesse wirkt, am
Ende doch Verlangen sein,
Ich weiß, dass ich es nicht will, doch ich sage nicht »Nein«.
Denn du bist so viel älter und weiser und irgendwie
schön,
Und bei dir fühlte ich mich zum ersten Mal wirklich
gesehen.
Und dann haben sie wahrscheinlich recht, wenn sie
sagen:
Ich bin die Frau, das kleine Mädchen, die Schlampe,
Und ich habe Schuld, denn du bist der Mann mit der
großen Geduld.

Doch wenn wir Turniere spielen, dann ist es wie immer.
Du feuerst uns an, nur nach dem Training wird es
 schlimmer.
Du behältst mich da, manchmal die ganze Nacht,
Und ich stehe voll und ganz in deiner Macht.

Wie können all mein Glück und all mein Schmerz in
 dieser einen Halle liegen?
Weil ich es liebe, zu spielen, zu schwitzen, zu siegen,
Und es hasse, wenn du dann mit mir *»feiern«* willst,
Wenn *»feiern«* bedeutet, dass du deine Lust an mir stillst.

Und dass ich Angst krieg', wenn jemand das gleiche Auto
 fährt.
Ich wünschte, ich hätte mich früher gewehrt,
Aber die anderen meinten: *»Es ist nichts dabei.«*,
Sagten: *»Du machst dir was vor.«*
So it's not your fault, I am the whore,
Die Frau, das kleine Mädchen, die Schlampe, und ich habe
 Schuld
Denn du bist der Mann mit der großen Geduld.

Ich wünschte, es könnte wieder wie früher sein,
Wenn ich pariere, reichte ein Handschlag allein.
Der Sport und die Mannschaft wären wieder alles, was
 zählt
Und ich würde nicht von deinem Steifen gequält.

Aber wäre ich ehrlich, müsste eine von uns gehen
Und zu wem die anderen halten, will ich lieber nicht
sehen,
Schließlich bin ich die Frau, das kleine Mädchen, die
Schlampe.
Und ich habe Schuld, denn du bist der Mann mit der
großen Geduld.

Und dass ich schreie, wenn mich jemand berührt,
Aber die anderen sagen ja noch immer,»*Du hast ihn
verführt*.«
Aber glaubt ihr wirklich, ich müsste heute nicht klagen,
Hätte ich Taucheranzug statt Top und Shorts getragen?
Macht euch doch nichts vor:
Auch durch Neopren hätten seine Hände meine Brüste
gefunden.
Und auch ohne Make-up hätte er mich da behalten für
seine »*Extrastunden*«.

Ja, ich habe mich nicht von Anfang an gewehrt,
Und vielleicht wertet ihr mein Verhalten deshalb als
verkehrt,
Vielleicht meint ihr, ich hätte nur etwas sagen müssen,
Dann hätte man doch sicher verhindert, dass seine Lippen
meine küssen.
Aber ich war 14 und er 54.
Er mein Idol, seine Gelegenheit günstig.
Ja, ich habe ihm blind vertraut

Und mit ihm gemeinsam um uns eine Mauer gebaut.
Ja, ich habe zu spät verstanden, dass seine Zuneigung
 etwas anderes war,
Und ja, im Nachhinein ist mir das auch alles klar.

Aber »*Hindsight is always 20/20, they often say*«,
Und mir vorzuwerfen, ich sei naiv, ist leider okay,
Vielleicht, weil ich anderen immer gefallen will
Und bevor ich etwas Falsches sage, bleibe ich dann lieber
 still.
Denn meinen Schmerz kann ich verschlucken und daran
 ersticken,
Nur das Ausmaß des Ganzen kann ich nicht mehr
 überblicken.

Ist es nicht eigentlich schön, immer das Gute in anderen
 zu sehen?
Aber jetzt kann ich nicht mehr ohne Angst nach Hause
 gehen,
Ich spüre nur Hass, verabscheue mich,
Deshalb richte ich das Wort jetzt wieder an dich:

Du warst der Trainer, das Vorbild, doch jetzt wird mir
 schlecht.
Wie zu viele and're, nimmst du dir das Recht,
Uns zu missbrauchen, misshandeln, zu schlagen.
Wir dürfen nicht schweigen, wir müssen was sagen,
Wenn Gewalt gegen Frauen zum Alltag gehört,

Und damit unschuldige Leben zerstört.

Denn solang du nicht checkst, dass alle Menschen sich
   gleichen,

Sind wir noch weit davon entfernt, das Ziel zu erreichen.

Doch vielleicht geht die Frage eher an dich:

Was hast du getan?

Denn die Schuld hab nicht ich.

Felicitas Reinbacher, geboren 2005 studiert Schauspiel
in Salzburg. Geschichten und Poetry-Slams schreibt sie
immer dann, wenn sie nicht gerade tanzt, singt oder
spielt. Mit ihren Worten möchte sie Menschen berüh-
ren und auf Missstände in der Gesellschaft aufmerk-
sam machen.

Delia Kassi

Ungehaltene Rede für meinen Sohn

Mein lieber Sohn!

Du bist in einem Stadium angelangt, in dem Du Dich nicht mehr kratzen kannst. Wenn es juckt, musst Du es aushalten, musst warten, bis es von allein verschwindet, das Jucken.

Können Sie sich das vorstellen? Wie das ist, wenn Sie sich nicht mehr kratzen können? Wenn Sie die Mückenstiche einfach ignorieren müssen, egal, wie sehr sie Sie nerven?

Mein Sohn, Du kannst Dich nicht kratzen, Du kannst kaum mehr allein essen und gehen und stehen, das kannst Du schon lange nicht mehr. Stoisch nimmst Du es hin, was bleibt Dir auch übrig? Gezwungen bist Du zur Anpassung, zum meditativen Aushalten. Und Du bist perfekt darin! Mit Interesse schaust Du der Mücke zu, wie sie Dich sticht. Verscheuchen oder totschlagen geht ja nicht.

Nur manchmal, manchmal, da erfüllt Dich der Ärger auf diese Ungerechtigkeit und dann schreist Du und wütest und gibst mir die Schuld. Ich soll' alles besser machen. Aber genau das kann ich nicht.

Oder Du weinst, ganz stille Tränen der Verzweiflung. Und das ist furchtbar. Manchmal weine ich dann auch. Ich will dann, dass Du wieder lachst.

Ich erzähle Dir einen Rolli-Witz. Den hat mir Uwe auf einer Party erzählt. Uwe bewegt sich auch mit dem Rollstuhl fort, wie Du. Er hat mich auf der Party vor dem Small Talk gerettet.

Also: Was denkt ein Kannibale, wenn er einen Rollifahrer sieht?

Na, was denken Sie?

Cool, Essen auf Rädern!

Ich erkläre Dir noch schnell, was ein Kannibale ist. Menschenfresser. Deine Augen werden ganz groß, und Du fängst an, mit dem Wort Kannibale rumzualbern, Kannenball und Hannibal. »Ich esse dich auf!«, rufe ich und stürze mich auf Dich und mache gierige Fressgeräusche. Du gluckst vor lauter Wonne.

Als Du aus mir herauskamst, habe ich mich erschreckt. Du warst so dünn! Mein erster Blick, ein sorgenvoller. Bestimmt hast Du ihn gespürt. Es tut mir leid.

Du hast Dich nicht so gut entwickelt, aber ich dachte: Jedes Kind ist anders. Ich musste den Vater beschwichtigen. Dein Vater wollte kein Kind mit Behinderung. Eine Behinderung durfte nicht sein.

Mit zwei Jahren konntest Du endlich laufen.

Und dann, als Du drei warst, kam die Diagnose: Duchenne Muskeldystrophie, Muskelschwund sagt man auf Deutsch. Ich konnte es nicht glauben. Du hattest die schlimmste mir vorstellbare Krankheit. Ich kannte sie, ich wusste Bescheid, ich bin ja vom Fach. Aber meine mütterlichen, mit Scheuklappen bedeckten Augen hatten die untrüglichen Zeichen nicht gesehen.

Nicht ich. Nicht mir. Das geschieht nicht mir. Das kann nicht sein.

Du weißt jetzt, dass Duchenne eine Erbkrankheit ist. Der Fehler liegt auf einem der beiden mütterlichen X Chromosomen. Irgendetwas ist schiefgelaufen. Ich bin schuld, das X Chromosom hast Du von mir. Ich habe zwei davon, deswegen bin ich gesund.

Nach dem Schock kam der Trotz: ich würde ein Baumhaus für Dich bauen lassen, ich würde Dir die Welt zeigen, Musik, Theater, Reisen. Kein Weg zu weit, keine Anstrengung zu groß. Ich würde mit Dir auf die Berge steigen. Im Ozean schnorcheln gehen. Immer sollst Du mit dabei sein, Abenteuer erleben und in einem großen Radius das Leben genießen! Ich lasse mich nicht unterkriegen! Wenn jemand einen Kommentar machte, weil ich Dich im Schulalter im Fahrradanhänger umherkutschierte, wurde ich zur Löwenmama. Die sollen erst einmal ihren dummen Kopf einschalten, bevor sie was sagen wie: warum lässt sie den nicht selber Fahrrad fahren? Was für eine Energie. Für Dich würde ich alles kurz und klein schlagen, für Dich würde ich womöglich sogar töten, so sehr verteidige ich Dich, mein Kind.

Und nein, ich gebe meinen Beruf nicht auf. Ich gebe mich nicht auf. Auch ich habe ein Recht, zu leben, sogar mit einem Kind mit schwerer, nicht heilbarer Krankheit. Ich will nicht eine dieser Mütter sein, die sich aufopfern, die ihr eigenes Leben allein in den Dienst an ihrem behinderten Kind stellen. Ich will mir mein Leben nicht diktieren lassen, von niemandem, auch nicht von Dir!

Und natürlich will ich: Inklusion. Das Zauberwort moderner Pädagogik. Die Schulen müssen es sich per Gesetz auf die Fahnen schreiben. Dabei sollst Du sein, mittendrin.

Ich war mit Dir in Afrika. Auch andere Familien reisten mit ihren kranken Kindern. Wir haben uns erkannt. Aha, gleiche Mission.

Ich bin mit Dir Ski gefahren, sausend den Berg hinab. Das Baumhaus habe ich gebaut, mit Aufzug. Wir können noch immer darin übernachten, morgens in die Blätter schauen und die Vögel beobachten und das Eichhörnchen, das die Walnüsse knackt.

Du fährst im Elektrorollstuhl herum. Jede Stufe ist ein Hindernis, unüberwindbar. Ein kaputter Fahrstuhl im öffentlichen Nahverkehr eine mittlere Katastrophe. Des Nachts brauchst Du ein Beatmungsgerät und wieder eine Windel. Jede Mahlzeit dauert eine Stunde. Du wirst wahrscheinlich keine dreißig Jahre alt.

Manchmal weiß ich nicht, wie ich das alles schaffen soll.

Jetzt ist es Zeit. Zeit zum Flüggewerden wie Dein großer, gesunder Bruder. Aber Du wirst immer abhängiger. Wir werden immer abhängiger voneinander. Die Kinder in der Inklusionsschule sind Dir davongelaufen, buchstäblich. Du musstest die Schule wechseln, auch, weil Du zusätzlich eine Intelligenzminderung hast. Lesen, Schreiben und Rechnen hast Du nie lernen können. Die geistige Einschränkung hat Euch noch weiter getrennt.

Auf der Förderschule geht es Dir viel besser. Ich musste mich von der Inklusionsidee verabschieden. Du hättest Gefährten gebraucht, andere Kinder im Rollstuhl. Aber Du warst der Einzige. Ganz einsam bist Du geworden, weil Du dachtest: niemand hat so etwas wie ich.

Das ist keine Inklusion gewesen! Sie war es – wie so oft – nur auf dem Papier. Nur zum Vorzeigen, für's Gewissen der Gesunden, die Glück gehabt haben in der Lotterie der Genetik.

Unser Radius wird kleiner. Große Reisen wird es nicht mehr geben.

Oft träume ich von einer Rolli-Gang in unserem Viertel. Dass Ihr umherflitzt und zusammen Unfug macht.

Aber Menschen mit Behinderungen sind unsichtbar. Mit den Fahrdiensten verschwinden sie in die Schulen und Werkstätten und dann zurück nach Hause, in Heime oder WGs. Fernseher und Computer warten auf sie. Sie nehmen nicht teil. Sie bleiben zurück.

Ich will aber, dass die Welt Dich sieht. Dass die anderen Dich mitdenken und von sich selbst wegdenken.

Aber willst Du das auch?

Willst Du Dich nicht lieber verkrümeln und Dir Super-helden mit Muskelpaketen anschauen, die im Film die Welt retten?

Immer mehr brauchst Du mich, je schwächer Du wirst. Ich bin diejenige, die etwas mit Dir unternimmt. Den anderen, auch dem Vater, ist es zu anstrengend. Im Kampf um meine Aufmerksamkeit gewinnst Du gegen alle: gegen den großen Bruder, die Freunde, die Eltern, den Mann.

Sogar gegen mich selbst.

Immer enger halten wir zusammen, wie Pech und Schwefel. Wie kann ich Dich loslassen?

Ich sehe die Welt mit Deinen Augen, ihre Hindernisse, ihre Ignoranz, die ganze kranke Gier nach Ruhm und Geld.

Ich weiß gar nicht, wer ich ohne Dich geworden wäre.

Mein liebster Sohn!

Was tue ich nur, wenn Du gehst?

Vor Schmerzen werde ich mich verkrümmen.

Ich sollte einen Witz erzählen. Erst, wenn man über Behindertenwitze lachen kann, hat man's geschafft, sagt Uwe.

Ja, das mach' ich, denn so ist die Welt:

Trifft ein Mantafahrer einen Rollstuhlfahrer. Fragt der Mantafahrer: »Ey sach ma, wie schnell fährt denn deine Karre?« Darauf der Rollstuhlfahrer: »6 km/h.« Der Mantafahrer: »Na, dann kannste ja gleich zu Fuß gehen.«

Delia Kassi, 1972 in Hannover geboren, arbeitet als Ärztin und Psychotherapeutin in Berlin. Sie hat zwei Söhne, von denen der jüngere mit Duchenne Muskeldystrophie geboren wurde, einer fortschreitenden, unheilbaren Erbkrankheit.

Alina Mathias

Meine Wahrheit

Mehr als meine Worte habe ich nicht. Kein Abitur, keine Expertise, kein besonderes Amt oder sonst irgendetwas. Für die meisten ist das sicher nicht viel. Aber was ich in Worte fassen, was ich sehen und beschreiben kann, das lässt sich auch verändern. Dieser Gedanke hilft gegen die Angst. Und weil ich davon gerade viel zu viel habe, tue ich es jetzt. Ich schreibe, nur für mich.

Denn ich habe gerade eine ganz bestimmte, dominante Angst. Angst, mein Zuhause, meine Heimat zu verlieren. Und vielleicht sogar mein Leben. Bis jetzt habe ich diese Möglichkeit verdrängt, wahrscheinlich aus Selbstschutz. Bis jetzt. Bis Ihr eure Wahl getroffen habt. Die mich kaum überrascht hat, aber das macht sie nicht weniger beängstigend. Seit ich Eure Entscheidung kenne, begleitet mich eine unterschwellige Übelkeit, die nur beim Schreiben oder gemeinsamer Zeit mit Freund*innen mal kurz vergeht.

Was mein Leben mit Eurer Wahl zu tun hat? So viel mehr, als ihr denkt. Also lasst es mich erklären: Ihr persönlich kennt mich entweder gar nicht oder gut, in beiden

Fällen habt Ihr sehr wahrscheinlich nichts gegen meine Existenz. Ihr zweifelt nicht an, dass ich ein wertvoller Teil dieser Gesellschaft bin. Oft bewundert Ihr sogar, wie ich meinen Alltag meistere. Das ist für mich unangenehm, aber darum soll es jetzt gar nicht gehen.

Wer mich definitiv nicht bewundert, sind die Menschen, denen Ihr Eure Stimme gebt. Sie bezeichnen sich als Alternative, während es für ihre Weltsicht keine zu geben scheint. Und in ihrer Vorstellung einer perfekten Welt kommen Menschen wie ich nicht vor. Falls doch, ändern sie das. Weil mein Leben keinen Wert hat, wenn man sie nach ihrer Meinung fragt.

Vor nicht einmal hundert Jahren haben sie uns aus diesem Grund umgebracht. 216 000 Menschen mit körperlichen, geistigen und seelischen Behinderungen sind während des Nationalsozialismus ermordet worden. Jetzt werdet Ihr vielleicht denken: »Noch mal schaffen sie es nicht, wir haben schließlich schon gesehen, was passieren kann. Es gibt doch mittlerweile eine ›Brandmauer‹, und Gesetze können nicht so leicht abgeschafft werden.«

Glaubt mir, ich verstehe diesen Gedankengang. Ich will mir auch nicht vorstellen, dass sie es wieder tun könnten. Doch die Wahrheit ist eine andere. Sie sitzen schließlich schon in den Parlamenten. Bald wird man sie beteiligen müssen, wenn man überhaupt eine mehrheitsfähige Regierung bilden will. Falls dieses Argument nicht reicht: Damals hat auch niemand geglaubt, dass sie so weit gehen könnten. Mich zu belügen bringt also ziemlich wenig. Sie haben es

41

einmal geschafft, nichts – absolut nichts – spricht gegen ein zweites Mal.

Bei diesem Gedanken entsteht die pure Panik, in der ich mich restlos verliere, wenn ich sie zulasse. Es würde bedeuten, das Land zu verlassen. Meine Heimat und die Menschen, die ich liebe. Im Unwissen darüber, wann ich sie wiedersehe. Wenn ich sie denn wiedersehe. Und das wäre der zynische »Best-Case«.

Mein Herz wird bei dieser Vorstellung unfassbar schwer. Ich habe keine Ahnung, wo ich hingehen würde. Wann ist der richtige Zeitpunkt? Wie lange ist demonstrieren und wählen und hoffen noch eine Option? Ich bin nicht die Einzige, die auf diese Fragen eine Antwort finden muss. Die davon ausgeht, hier irgendwann nicht mehr sicher zu sein. 7,8 Millionen in Deutschland lebende Menschen mit Behinderung rechnen damit jetzt schon im Kollektiv.

Weil Ihr Menschen Macht gebt, für die unser Leben wertlos ist. Und dann stehe ich hier, versuche Worte zu finden für etwas, für das es keine Worte geben sollte. Leider gibt es sie doch. Oder eher Gott sei Dank. Denn sie sind das Einzige, was ich der Ohnmacht entgegenzusetzen habe. Worte und meine bloße Existenz. Es ist verdammt hart, in diesen Zeiten zu sein. Vom Glücklichsein ganz zu schweigen. Das Einzige, was hilft, sind andere Menschen, die für kurze Momente des Vergessens sorgen. Freund*innen, die mich festhalten, Künstler*innen und Aktivist*innen, die Mut machen.

Ihretwegen stehe ich vor Euch. Und weil gerade alles auf

dem Spiel steht. Deshalb habe ich diese Rede geschrieben. Es geht um die Demokratie und vielleicht auch um mein Leben. Aber Fakt ist hier und jetzt eines: Ich bin.

Allein deshalb werde ich laut sein, im Rahmen meiner Möglichkeiten, werde immer wieder meine Wahrheit teilen. Weil ich Hoffnung habe. Manchmal frage ich mich, wie viel Hoffnung ich noch haben darf, bei all dem, was gerade passiert. Dann richte ich die Frage an dich, und du sagst: Alle. Jeden noch so klitzekleinen Funken. Weil weniger nicht reicht. Und wenn meine Worte nur eine einzige Person bewegen, sie zum Nachdenken bringen, meinst du noch, dann habe ich sie vielleicht zu Recht.

Damit triffst du auf jeden Fall einen Punkt. Ich glaube, ich verstehe, was du sagen willst. Ja, ich kann verlieren, wenn ich kämpfe. Dessen bin ich mir nur allzu bewusst. Doch wenn ich es nicht tue, habe ich es schon.

Alina Mathias, geboren 2001, hat das Schreiben von Texten schon immer genutzt, um die Gefühle zu kommunizieren, für die der Kopf keine Worte finden kann. Inspiriert von ihren Vorbildern, unter anderem Kristina Lunz, träumt sie davon, irgendwann ein eigenes Buch zu veröffentlichen.

Derya Uzun

Darf ich schön für Sie sein?

Darf ich schön für Sie sein? Darf ich es wagen, mich in Ihren erhabenen Augen zu spiegeln? In ihnen sehe ich Kalkül, ich betrachte sie gerne. Ich bitte Sie, ehrlich zu mir zu sein; ich erwarte keine Schonung, denn ich weiß, dass Sie mich nicht verschonen werden. Finden Sie mich sympathisch? Ist mein Lächeln sanft und meine Haut weich genug, um Ihre Zuneigung zu verdienen und Ihre Härte zu mildern? Ich möchte intelligent für Sie sein. Wie intelligent darf ich für Sie sein? Eine Konkurrenz steht außer Frage, niemals würde ich es wagen, Sie zu übertrumpfen. Ich bleibe im Schatten Ihrer Größe. Darf ich für Sie mit meiner warmen Stimme singen? Sagen Sie mir, was Sie sich wünschen, für Sie singe ich im lieblichsten Sopran, den Sie jemals gehört haben. Darf ich Sie unterhalten?

Darf ich Ihre Muse sein? Ich bitte Sie, mich zu lieben. Darf ich Sie mit meinem Wissen über deutsche Musik und Literatur amüsieren? Schenken Sie mir Ihre Gunst, wenn ich Ihnen von den dunklen Tiefen der deutschen Romantik erzähle? Ich möchte Sie nur gemäßigt beeindrucken und verspreche Ihnen, dass Sie sich nicht anstrengen müssen. Ich bitte Sie, sich zu entspannen, lehnen Sie sich zurück, denn ich bin bei Ihnen. Ich sehe zu Ihnen auf. Gefalle ich Ihnen? Ist meine Seele weiblich und meine Stimme zart genug für Sie? Darf ich Ihnen schmeicheln, darf ich schön für Sie sein?

Doch meine dunklen Augen – bedrohen sie Sie? Mein Feuer – fasziniert es Sie oder bereitet es Ihnen Sorgen? Bitte lassen Sie sich nicht in Unruhe versetzen, ich möchte Ihnen nur gefallen, Sie müssen sich nicht fürchten, erinnern Sie sich daran, dass mein Schicksal in Ihren Händen liegt. Mein dunkles Haar – ich werde es für Sie färben! Mit meinem roten Lippenstift male ich das breiteste Lächeln in mein Gesicht. Darf ich schön für Sie sein?

Gefällt Ihnen mein verzweifeltes Zappeln, mein Ringen um Luft, mein erbitterter Kampf ums Überleben? Genießen Sie meinen Anblick, möchten Sie mich beschützen? Für Sie werde ich diese Darbietung perfektionieren, jede Ihrer Regungen ist ein Triumph für mich, und am Ende meiner Aufführung werde ich mich tief vor Ihnen verbeugen. Fühlen Sie sich gut unterhalten, amüsieren Sie sich? Lieben Sie mich immer noch?

Sie sind mein Richter, Ihr Wort mein Gesetz. Zerlegen Sie mich in Stücke, wenn Sie mich danach nur lieben. Ihre Liebe ist das Fundament meiner Existenz; nur wenn ich Ihnen gefalle, darf ich bleiben. Ich weiß, dass Sie es wissen, und ich verspreche Ihnen, dass ich es niemals aussprechen werde.

Darf ich für Sie tanzen? Sie mit meinen exotischen Bewegungen verzaubern? Applaudieren Sie nur! Ihr Applaus ist mein Lebenselixier. Ich verspreche Ihnen, dass diese Inszenierung ehrlich ist. Gefalle ich Ihnen noch?

Können Sie über meine Herkunft hinwegsehen? Ich knie vor Ihnen und flehe Sie an, ich bin nur so exotisch, wie Sie es sich wünschen. Lassen Sie mich hierbleiben, lassen Sie mich eine Ausnahme sein. Mit süßen Worten umgarne ich Sie, ich perfektioniere die deutsche Dichtkunst und hypnotisiere Sie mit meiner türkischen Herkunft.

Verzeihen Sie mir!

Ich wollte nicht harsch sein.
Für Sie flüstere ich diese Wahrheit, Sie können sie übersehen, denn ich bin schön. Bin ich schön genug für Sie?

Konnte ich Sie für mich gewinnen? Möchten Sie mir nun zuhören? Ihnen ist bewusst, dass Sie sich an den Kanten Ihres weißen Hemdes nicht schneiden können. Suhlen Sie sich nur auf Ihrem sicheren Boden, Ihrem Vaterland! Erheben Sie sich mit all Ihrer Unantastbarkeit, spüren Sie die Macht durch Ihre Adern fließen, fühlen Sie sich großzügig?

Erlauben Sie mir, zu bleiben? Sie haben nichts zu verlieren, also setzen Sie auf mich. Sie müssen nur ein bisschen investieren, hören Sie nur zu, denn ich weiß, dass Sie mich gerne betrachten, Ihre gierigen Augen verraten Sie. Ich weiß, dass Sie meine Herkunft verabscheuen. Sie müssen diesen Teil von mir ausblenden, sich von meiner Jugend und meiner Schönheit verführen lassen. Wenn ich für Sie tanze und singe, vergessen Sie schnell, Sie werden weit weg getrieben von Ihrer Verachtung.

Doch Sie vergessen nur bei mir.

Wenn Sie in der Straßenbahn sitzen und die Langeweile Sie überkommt, so dass Ihr Blick ziellos durch den Wagen schweift. Wenn Ihre Augen auf meinen Bruder fallen, der dort in einem ruhigen Moment mit seinen Kopfhörern sitzt, vertieft in seine Lieblingsmusik, während er seinen Kopf leicht im Takt wippt. Wenn Sie seinen Pullover betrachten, den ich ihm zum Geburtstag geschenkt habe, und die schwarze Aufschrift darauf nicht entziffern können, während Sie leicht den Kopf neigen.

Wenn Sie seine beeindruckende Statur wahrnehmen, die dunklen Augen, die meinen so sehr gleichen. Wenn Sie seinen dunklen Teint sehen, seine schwarzen Haare und seinen Bart, wenn Sie plötzlich einen Funken Zorn verspüren, der sich schnell zu glühendem Hass steigert. Wenn Sie meinen Bruder hassen und es nicht mehr ertragen, ihn hier zu sehen, diesen Ausländer, und seine bloße Anwesenheit, wie er da sitzt und seine Musik hört, Sie dazu bringt, Ihre Fäuste zu ballen und schwer zu atmen. Wenn Ihre Unzufriedenheit mit dem Zustand dieses Landes bei Ihnen aufsteigt und Sie ergriffen werden, während Sie ihn weiter betrachten.

Wenn Sie meinen Bruder sehen, wie er sitzt in seiner mächtigen Erscheinung, obwohl er innerlich noch ein Kind ist. Wenn die Straßenbahn anhält und Sie gleichzeitig mit ihm aussteigen. Wenn Sie ihn mit einem gezielten Griff an seinem Pullover packen und ihn zu Boden reißen, und er sich nicht wehrt. Wenn Sie ihn blutig schlagen, wenn Sie ihm immer wieder in den Bauch treten, während er auf dem Boden liegt und nach Luft ringt und das Blut ihm die Sicht versperrt. Wenn Sie nach einer Ewigkeit aufhören, er regungslos bleibt und Sie mit kalten Augen Ihre blutigen Hände betrachten, denken Sie an mich.

Denken Sie daran, wie schön Sie mich finden. Wie sehr ich Ihnen gefalle, denken Sie daran, wie weich meine Stimme und meine Haut ist. Denken Sie daran, dass ich Sie amüsiere und dass Sie mich lieben.

Ich weiß, dass Sie großzügig sind. Sie erlauben mir, hierzubleiben. Sie würden auch ihm erlauben, hierzubleiben. Warum ist das Unbekannte an mir faszinierend und an meinem Bruder bedrohlich? Sagen Sie mir, nach welchen Kriterien Sie urteilen. Sie müssen nicht lachen; ich weiß, dass es keine gibt. Es ist vergebliche Mühe, denn wir werden Ihnen niemals wirklich gefallen. Sie werden mich tolerieren, weil ich schön bin, bis Sie meiner überdrüssig werden, und dann wird Ihre Gunst in Abscheu umschlagen, genauso wie bei meinem Bruder. Ich erwarte keine Schonung, denn ich weiß, dass Sie uns nicht verschonen werden. Also frage ich Sie: Darf ich schön für Sie sein?

Derya Uzun, geboren 1998 in Berlin, studiert Germanistik, Geschichte und Darstellendes Spiel auf Lehramt an der Universität Bayreuth und ist Mitgründerin des Unichor Bayreuth. Seit der Grundschule schreibt sie regelmäßig; nach einer Auszeichnung beim Literaturwettbewerb des Literaturhauses München intensivierte sie ihr Schreiben und plant nun die Veröffentlichung ihres ersten Buches.

Cornelia Koepsell

Goofy

»Drittes Reich? Damit haben sie uns in der Schule gestopft. Wie polnische Gänse.«

Das höre ich von Leuten, die zehn oder zwanzig Jahre jünger sind als ich. Anfangs konnte ich es kaum glauben. In meiner Schulzeit hörte der Geschichtsunterricht bei Bismarck auf.

Ich bin Mitte der Fünfziger geboren. Eltern und die meisten Lehrer gehörten zur Ersten Generation, welche das Dritte Reich als Erwachsene erlebt hatten. Nicht unbedingt passiv. Wie aktiv sie waren und ob, darin bestand das große Tabu.

Klar wollten wir Bescheid wissen. Aber so genau auch wieder nicht. Wir hatten Angst. Eltern und Lehrer waren keine Unbekannten. Im günstigsten Fall waren sie Mitläufer. Immer die Befürchtung, dass da mehr war.

Eisern schwiegen sie über die Jahre des Krieges, das sechsjährige Loch in ihrem Leben.

Manche von uns machten ihnen den Prozess. Am Küchentisch. Ohne sich selbst in Zweifel zu ziehen.

Die Erwachsenen misstrauten und beneideten die jüngere Generation. »Euch geht es gut. Ihr habt eine Zukunft vor euch und ihr seid undankbar.«

Aufgrund des Schweigekartells waberte in unseren Köpfen eine Art weißer Dunst, wie wenn sie uns Nebelkerzen ins Hirn geschossen hätten. Nie erzählte Geschichten spukten wie Gespenster in grauen, verkotzten Laken. Etwas Grausames, nicht Fassbares lag in der Luft. Easy Rider, wo die jungen Kerle auf ihren Motorrädern einfach abgeschossen wurden, weil die ältere Generation deren Freiheit nicht ertrug. Oder der Film »Einer flog übers Kuckucksnest«. Jack Nicholson wurde mittels Elektroschocks das Hirn zu Brei geschossen, weil er nicht parierte. So konnte es einem ergehen.

Wir lasen das Buch »Soweit die Füße tragen«. Dem Kriegsgefangenen Morell gelang die Flucht aus einem sibirischen Lager. Wie leicht hätte Papa dort landen können.

Die Kriegsheimkehrer. Versiegelte Gesichter, in denen sich dennoch lesen ließ wie in einem Buch über Entbehrung, Not, Verbitterung. Ich wollte es nicht wissen.

Immer noch redeten viele von den Autobahnen, die Hitler gebaut habe.

Vergessen. Rasanter Wiederaufbau. Zu Hause in den Familien wüteten die Albträume. Unter dem Deckel der Normalität brodelte die Hölle, die erst ein paar Jahre vorbei war. Nachkriegsjahre. Steinzeit der Demokratie. Ein Frieden, über dem die Geister der Ermordeten und Gefallenen schwebten. Sie wünschten gesehen, geehrt und gewürdigt zu werden. Stattdessen Konservierung der Vergangenheit durch konsequente Verdrängung.

Mein Geschichtslehrer – wir nannten ihn Goofy –, unserer Meinung nach hatte er Ähnlichkeit mit dieser Comicfigur, von ihm las ich 2013 in einem großen einseitigen Artikel der »ZEIT« in der Sparte »Neuere Geschichte«.

Er war ein SS-Sturmbannführer, außerdem der Adjutant von Ribbentrop, ein Nazi der ersten Stunde, sogar beim Hitler-Stalin-Pakt durfte er zugegen sein, ich erkannte ihn auf dem Foto wieder, ein schöner, großer, deutscher, blonder, junger Mann. Später, als er nach drei Jahren Internierung bei den Amerikanern entlassen wurde, bewarb er sich erneut für den Diplomatischen Dienst. Selbst damals wollten sie ihn nicht mehr, jedoch im Gymnasium der Christianschule Hermannsburg, wo ich Ende der Sechziger auf ihn traf, da kam er unter.

Sein Sohn Christian war mein Partner im Abschlussball der Tanzstunde. Ein schüchterner Junge, der aussah wie zwölf. Nicht wie fünfzehn. Genau wie ich. Wir wurden einander zwangszugewiesen, weil uns sonst keiner wollte.

Die Vergangenheit seines Vaters kam erst 2013 ans Licht,

da war der alte Herr schon einundzwanzig Jahre unter der Erde.

Wir hatten den Goofy auch in Gemeinschaftskunde. Der Mann hat uns die Demokratie beigebracht. Damals gab es noch keine Berufsverbote. Die wurden erst in den Siebzigern modern gegen Leute wie mich und meinesgleichen. Nach der schwül rechten Atmosphäre, in der wir aufwuchsen, sahen wir keine andere Möglichkeit, als uns stark links zu orientieren, und viele verwirkten ihr »Recht« auf Beamtentum.

Goofy wurde als Oberstudienrat pensioniert. Friede seiner Asche.

Jahrzehnte später glauben manche, die fünfziger und sechziger Jahre mit ihren Nierentischen, Blümchentapeten, toupierten Frisuren, Kittelschürzen und den vielen VW-Käfern seien nett und lustig gewesen. Beim Betrachten alter Fotos hat es den Anschein.

In Wahrheit hatten die damals Erwachsenen den Krieg in ihren Köpfen, ihren Herzen und Knochen, in ihrem Blut.

Unter der immer wieder frisch gestrichenen Farbe, dem blendend weißen Außenanstrich, den sich jede Familie gab, die etwas auf sich hielt, darunter blubberten die unerwünschten Gefühle wie Blasen und verunstalteten das Gesamtbild.

An einem friedlichen Sonntagnachmittag konnte es passieren, dass sie ihn rochen – den süßlichen Gestank der Verwesung, ohne zu wissen, woher er kam.

Die Eltern konnten sich ihren Kindern nicht wirklich zu-
wenden. Irgendetwas fehlte, war woanders, weit weg. Den
Kindern war es egal, warum es fehlte. Sie konnten nicht
unterscheiden, ob es daran lag, dass die Väter und Mütter
unmenschlich gequält worden waren, oder daran, dass sie
auf der Seite der Quäler standen. Die Kinder sehnten sich
nach diesen Männern und Frauen, sie spürten das Entsetz-
liche, ohne zu wissen, was es war, wo es war. Sie lebten mit
ihnen in den Häusern, die von dichtem Nebel erfüllt waren.
Sie stocherten hinein in den Nebel, um zu ihren Vätern und
Müttern zu gelangen, und oft genug taten sie ihnen weh
mit ihrem Stochern, das blind war, weil ihnen das Licht
fehlte. Dann schlugen sie zurück, die Väter und Mütter, ver-
zweifelt, wie sie waren und weil sie es nicht anders gelernt
hatten.

Als die Kinder älter wurden, legten sie eine aus der Gegenwart gewonnene Besserwisserei an den Tag. Das Gespräch zwischen den Vätern und Müttern gab seinen Geist
auf, obwohl es auch vorher nie begonnen hatte.

Nicht zu Unrecht befürchteten die Mütter und Väter, dass
jetzt die Zeit angebrochen sei, wo sie angeklagt und verdammt würden.

So erstarb das Gespräch für lange Zeit. Manchmal für
immer.

In einer Mischung aus Abwehr und Faszination erkann-
ten wir in der Mutter das BDM-Mädchen, im Vater den Hit-
lerjungen. Was unsere Eltern erlitten hatten, interessierte

uns nicht. Täter können auch Opfer sein. Zwei Generationen waren nötig, um dies herauszufinden. Wenn der Kanonendonner des Krieges schon Jahrzehnte verhallt ist, sitzen die Traumata in den Seelen und Köpfen der Menschen. »Ich kann es nicht mehr hören. Es kommt mir zu den Ohren raus«, sagen mir die Jüngeren.

Zehn Kilometer von meinem Heimatort entfernt lag Bergen-Belsen. Natürlich war in meiner Schulzeit nie die Rede davon, was dort geschehen war. Stattdessen besuchten wir das Hermann-Löns-Denkmal. Die meisten Leute, die behauptet haben, von den Vorgängen in Bergen-Belsen nichts bemerkt zu haben, obwohl sie direkt nebenan wohnten, die lebten noch.

In den achtziger Jahren wollte eine Bürgerinitiative eine Straße nach der in diesem Lager zugrunde gegangenen Anne Frank benennen. Ein großer Teil der Einwohner sträubte sich vehement.

Einmal – da war ich längst erwachsen – brach mein Vater das Schweigen. Erstmals besuchte er mit mir zusammen das ehemalige Konzentrationslager Bergen-Belsen.

Dort erzählte er mir von einem Massengrab in Polen, vor dem er während des Krieges gestanden habe. Verscharrte Juden. Im Heimaturlaub habe er es dem Vater anvertraut. Der sagte:

»Das kann nicht stimmen.«

Ich sah Papa an. Ein alter Mann. Gebeugt. Er schaute auf den Boden, als ob er immer noch das Grab sehe, obwohl ihm die Blindheit befohlen war.

Ich nahm seine Hand.

Cornelia Koepsell, geb. 1955 in Scharneck, Studium der Germanistik und Geschichte, schreibt Romane und Kurzgeschichten.

Monika Schuster

Botanica

Im Juli 2023 sitzen mein Freund und ich abends im vega-
nen Restaurant *Botanica* in Magdeburg. Wir gönnen uns
Burger und zur Vorspeise Brot mit Dips. Nach einem Tag
vollgepackt mit Sonnenschein und Sightseeing lechzt mein
Körper nach Kohlenhydraten. Eine Mitarbeiterin kommt,
um unsere Teller abzuräumen. Mit dem Geschirr in der
Hand verweilt sie. Ich mache mich bereit »Nein, danke«
zu sagen, nachdem sie uns die Dessertkreationen vorge-
stellt hat. Müde vom Tag schenke ich ihr nicht meine volle
Aufmerksamkeit. Ich lächle sie an und bemerke, dass ihr
Gesichtsausdruck nicht zu Mousse au Chocolat oder Käse-
kuchen passt.

»... nicht Richtung Hauptbahnhof gehen«, sagt sie gerade.
Irritiert blicke ich meinen Freund an. Unseren verwirrten
Gesichtern erwidert sie: »Es geht mich ja nichts an, aber wo
doch der Bundesparteitag an diesem Wochenende hier stattfindet und um den Hauptbahnhof herum ist halt gerade viel
los. Also ich an eurer Stelle würde dieses Gebiet jetzt abends
einfach meiden.« Ich nicke, weil mir die Worte fehlen. Ihr
Blick fällt auf unseren Stadtplan, und sie sagt: »Scheiße, seid

Ihr etwa hier, um Urlaub zu machen?« Jetzt sind zu viele Worte in meinem Kopf. Es rauscht in meinen Ohren. Aus den Worten entsteht kein Satz, nur ein Gefühl. Angst. Irrationale, unkontrollierbare Angst. Ich nehme Aruns Hand. Vorab habe ich mich über jeden Scheiß informiert. Touristische Sehenswürdigkeiten. Vegetarische Restaurants. Spaziergehrouten. Selbst den unzuverlässigen Wetterbericht habe ich zu Rate gezogen. Aber ich habe nicht in Erfahrung gebracht, wo und wann der Bundesparteitag stattfindet. Ich habe mich statt mit Nachrichten mit meiner Sommerlektüre beschäftigt. Ich habe versagt. Versagt als deutsche, privilegierte Freundin eines mit Visum in Deutschland weilenden Inders, der bereits Rassismus erfahren musste. Fuck.

Die rosa Blase eines romantischen Wochenendes zerplatzt. Wir zahlen und machen uns auf den Weg ins Hotel. Den Stadtplan halte ich verkrampft in meinen Händen. Ich achte penibel darauf, dass wir dem Hauptbahnhof nicht zu nahe kommen. Adrenalin flutet meine Adern. Gedanklich schwanke ich zwischen Unglauben und schleichender Realisierung. Es dämmert bereits. Ich fühle mich wie bei *The Walking Dead*.

Mit dem Ende der rosa Blase ändert sich meine Wahrnehmung. Ich scanne alle Leute in unserer Umgebung, vor allem zusammenstehende Männer, Personen, die uns argwöhnisch mustern oder eindeutig betrunken sind. Ich wende alle mir zur Verfügung stehenden Stereotypen an, um gewaltbereite Menschen zu identifizieren, und weiß letztlich doch, dass ich daran scheitern werde. Schubladen-denken funktioniert nur in alten Bollywood-Filmen. Zurück im Hotel verriegelt sich die Tür mit einem automatischen Surren. Ein wunderbares Gefühl, die Welt da draußen aus-gesperrt zu wissen.

Morgens beim Frühstück, jetzt doch im Hotel, kann ich meinen Blick nicht abwenden von einer Gruppe Frauen, die der Initiative OMAS GEGEN RECHTS angehören. Ich lausche gebannt, wie sie den Tag planen und über die Wirkungskraft dieser oder jener Aktion debattieren. Dar-über müsste mal jemand ein Lied schreiben. Meine Oma demonstriert gegen die Rechten, gegen die Rechten, gegen die Rechten, meine Oma demonstriert gegen die Rechten, meine Oma ist 'ne ganz patente Frau. Ich lächle und nehme Aruns Hand.

Nachmittags rekonstruiert sich meine rosarote Brille durch das Hundertwasserhaus und Flamingo Cupcakes. Zu-rück im Hotel stellt mir mein Freund eine Frage. Ich fange an zu weinen und sage voller Liebe: Ja. Wenig habe ich eine Ahnung davon, was es bedeutet, in einer interkulturellen Beziehung zu leben. Ja zu sagen zu Problemen, Kommenta-ren und Blicken, denen andere Paare nicht ausgesetzt sind. Was werden die Menschen in meinem näheren Umfeld zu unserer Verlobung sagen? Welche bürokratischen Hürden warten auf uns? Bin ich dafür stark genug?

Ich weiß es nicht.

Aber vielleicht ist dies eine der Aufgaben, in die man nur hineinwachsen kann.

59

Botanica hat mir meine träge Naivität vor Augen geführt, aber mir auch Hoffnung gegeben. Es gibt Menschen, die uns nicht kennen, und die sich trotzdem proaktiv dafür einsetzen, dass es uns gutgeht. Ich entschließe mich, weiter an die Zivilgesellschaft zu glauben. Dänemark sei Dank heiraten wir unbürokratisch am Tag der Horrorfilme und Schreckgespenster im Kopenhagener Herbstwetter. Magdeburg verblasst zu einer Urlaubserinnerung. Mein Mann und ich planen unsere gemeinsame Zukunft.

Anfang 2024 echauffiere ich mich wie so viele andere über die neuesten Enthüllungen. Über Deportationsvorhaben, geplante Menschenrechtsverletzungen und eine Überheblichkeit, die ihresgleichen sucht. Als wären sie sich ihrer Sache sehr sicher und wüssten mehr als wir. Wir wachen auf. Es gibt Demonstrationen, Nachrichten, Diskussionen auf Social Media. Einen Aufschrei. Es wird zum kurzen, brisanten Gesprächsthema und ebbt wieder ab. Gefühlte Sicherheit schleicht sich ein in unseren Alltag wie Melatonin. Wir schlafen wieder ein.

Ja, ich werfe Menschen, die uns anstarren, einen nachdrücklichen Blick zu. Ich gehe auf Demonstrationen und wähle eine andere Partei. Ich spende Geld und lese relevante Literatur. Ich spreche mit den Kindern bei mir im Hort über Rassismus und versuche ihnen Weltoffenheit und Partizipation zu vermitteln und vorzuleben. Ändern tut dies wenig. Es beruhigt lediglich mein Gewissen.

Ich denke an Desfred. Müsste ich vielleicht schon jetzt mit meinem Mann auswandern in ein Land, wo wir frei von Vorurteilen und intergesellschaftlichen Ungleichheiten leben können? Aber das ist die Krux, so ein Land existiert nicht allein deshalb, weil wir es uns wünschen. Ein Land, eine Demokratie steht und fällt mit den Menschen, die darin leben. In Magdeburg habe ich eine wichtige Lektion gelernt, die langsam aber stetig Wurzeln in mein Bewusstsein schlägt. Es reicht nicht aus, gut zu sein und gerecht und die vermeintlich richtigen Dinge zu tun. Und damit ich das nicht wieder vergesse, mich nicht länger verstecke hinter einer gefühlten Sicherheit, halte ich eine ungehaltene Rede.

Ich habe Angst davor, ein Kind zu bekommen. Angst davor, dass ich Leben schenke und ein Mensch später Rassismus erfahren muss, weil ich mich in einen Inder verliebt habe. Was aber soll ich dieser Angst entgegensetzen außer Hoffnung? Außer einer stabilen Partnerschaft und einem unterstützenden Umfeld? Als Pädagogin weiß ich, dass Fortbildungen zum Thema Rassismus und demokratischer Bildung helfen. Zeitgemäße Bücher für Kinder und Jugendliche können Verständnis schaffen, Vielfalt abbilden und Vorurteilen entgegenwirken. Was fällt Euch noch ein?

Weg von meinen potenziellen Kindern zurück zu mir. Ich habe Angst davor, unbequeme Gespräche zu führen. Wenn ein Mensch in meinem Umfeld zwar gerne zum Griechen oder Sushi essen geht, als Pauschaltourist nach Ägypten oder in die Türkei fliegt, aber es sich nicht vorstellen kann, mit einer Person mit Migrationshintergrund befreundet zu sein, gar eine Beziehung einzugehen, denke ich mir bisher nur meinen Teil. Wie reagiere ich auf Äußerungen und

Handlungen, die klar dem Alltagsrassismus zuzuordnen sind? Wenn jemand mich als Erstes fragt, ob wir denn viele Probleme aufgrund von kulturellen Unterschieden haben, und wie das eigentlich so mit dem Kastensystem ist. Ob ich mir es gut überlegt habe, einen Inder zu heiraten.

Vielleicht frage ich nächstes Mal einfach zurück, ob er oder sie sich das gut überlegt hat, mit einer Deutschen, einem Deutschen zusammen zu sein. Die statistische Wahrscheinlichkeit, dass diese Person den Klimawandel leugnet, dass diese Person jetzt gerade im Netz darüber mitdiskutiert, ab wann man eine Frau schlagen darf, dass diese Person einfachen Lügen mehr Glauben schenkt als schwierigen Wahrheiten, ist schließlich nicht zu verachten.

Ich muss also damit anfangen, unbequeme Gespräche zu führen, muss nach Lösungen suchen.

Ich muss damit aufhören, Alternativen zu unterschätzen.

Ich muss wach bleiben.

Und wenn ich ICH sage, meine ich WIR.

Monika Schuster, geboren 1985, studierte Pädagogik in München, sowie Literarisches Schreiben in Hildesheim. Sie arbeitet als Erzieherin im Hort und widmet ihre Freizeit dem Schreiben, Malen und Yoga.

Corinna Huber

Inviting-in statt Coming-out
Erzählungen aus dem Schrank

Liebe Zuhörende, liebes Publikum,
   ich möchte mich zunächst für meinen Auftritt entschuldigen. Ich bin noch ganz zerknittert, ich bin noch nicht entfaltet. Leicht zerknautscht und mit ordentlich Rücken stehe ich vor Ihnen.
   Es ist nämlich so: Ich komme gerade aus dem Schrank. Straight out of the closet, könnte man auch sagen. Wobei weniger straight, also gerade, mehr so quer, ja quer – queer? – bin ich da rausgestiegen, als die Tür plötzlich geöffnet wurde und das Licht hereinkam und ach, Sie kennen die Geschichten.
   So, jetzt ist es raus. Also ich bin da jetzt endlich raus. Es war eng, dunkel meist und stickig. Ende der Erzählung. Jetzt bin ich ja hier.
   Wobei, es war auch nett da, so ungesehen, übersichtlich, warm.
   Es gibt Vorstellungen davon, wie Menschen rauskommen, aus dem Schrank. Vorgeformte Geschichten eines Coming-out. Ich glaube aber, es gibt viele, die noch nicht erzählt wurden. Es gibt Möglichkeiten, anders davon zu

erzählen. Ich möchte mit Ihnen heute einen Blick in den Schrank werfen und schauen, was da noch Unerzähltes liegt – und beginne bei den Schwestern.

Ich bin 7, 8 oder 9 und in dem Weiler, wo sonst Höfe mit Bauer und Bäuerin seit jeher existieren, gibt es einen Hof am Ende von der Straße, den zwei Schwestern bewohnen und bewirtschaften. Allein. Zusammen. Da ist kein Mann. Da ist ein Traktor, auf dem die beiden immer zu zweit sitzen und aufs Feld hinausfahren. Da ist ein Auto, in dem die beiden sonntags in die Kirche fahren. Da sind Felder, die gedüngt, geerntet und eingefahren werden. Da sind Tiere, die geboren, versorgt, geschlachtet werden. Da ist kein Mann. Nur die beiden Schwestern, die wohl sicher Schwestern –

Carolin Emcke sagte auf der re:publica in ihrem Vortrag *Queer Leben – eine Intervention*: »Queer zu sein bedeutet, sich zu fragen: stimmt das, was als mutmaßlich normal gesetzt wird?«

Irgendwann fährt nur noch eine der Schwestern an mir vorbei. Die andere ist gestorben. Ich bin dann, die Beerdigung längst an mir vorbeigezogen, an das Grab. Ich wollte sehen, was da steht, da auf dem Stein. Ich wollte sehen, ob der Grabstein offenbart, dass das keine Schwestern waren, dass das, also die beiden, nun ja, was anderes waren, was Frauen eben noch so sein konnten. Fremde, Bekannte, Freunde – Schwestern. Steh' ich da vor dem Grabstein und sehe: Es waren Schwestern.

64

Die Phantasie, und ich weiß nicht mehr, ob die von heute oder von gestern, hat mir ein Bein gestellt. Ich wäre beinahe ins Weihwasserbecken gefallen.

Noch eine? Gut.

Wir stellen uns vor: ein großes Haus, wie eine Villa, oben auf dem Berg. Wir sind 14, 15, 16 und in diesem großen Haus für eine Zeitlang zu Hause. Ein Haus wie ein Freizeitlager, ein Internat, eine Klinik – all das kann dieses Haus da sein, wo junge Menschen auf Zeit zusammenkommen. Also wir sind 14, 15, 16 in dem großen Haus und bekommen eine Bezugsperson zugewiesen. Wir bekommen eine Bezugsperson und das ist dann die Begegnung mit einer, die eine ist. Die eine ist und das sieht man auch. Man sieht es an den Haaren und an der Kleidung und an der Haltung, am Körper und eigentlich im ganzen Gesicht. Vor allem sieht man es am Schlüsselbund. Am Schlüsselbund, wo dieser Anhänger in rot orange gelb grün blau lila am Schlüsselring hängt. Wir sind fasziniert davon, von den Farben und wie er, der Anhänger, da einfach aus der Tasche schaut. Nicht versteckt, unverdeckt, hängt er da aus der Tasche und unser Blick an ihm. Bis die Bezugsperson merkt, dass wir nur Augen für den Anhänger haben. Wir schrecken zurück. »Steck den Anhänger weg«.

Was sollen das für Geschichten von Outing sein? Da kommt ja nichts raus und nichts bei rum. Alles bleibt drin, bleibt unbenannt, ohne Begriff. Nur Geduld. Gleich sind wir, gleich bist du so weit.

Du bist irgendwas mit 20, und es hat sich Bahn gebrochen, was lange da im Schrank hing. Jetzt sitzt du im Zug, das Ticket für den *Faust* in der Tasche, also das digitale Ticket für den analogen *Faust*, aber das geht heute nicht, heute geht das nicht, heute, jetzt wo es raus ist, jetzt wo du sie und sie auch dich, jetzt geht kein *Faust* auf der Theaterbühne, da geht nur eine Faust – ja wohin denn? Und damit sie nicht in deinem Gesicht landet, deine eigene Faust, in deinem Gesicht, damit das nicht passiert, statt zum *Faust* zu Freunden und erzählen, was du gerade getan hast.

»I'm having a proper full-on gay crisis«, sagt der 15-jährige Nick in *Heartstopper*.

Wir sind 15 oder 25 oder 52 oder 75 und wir haben von Zeit zu Zeit *a full-on gay crisis*. Erzählen wir davon.

Denn all das sind Erzählungen von Outing, auch wenn es scheint, als käme da gar nicht so viel heraus. Outing ist kein linearer Prozess, es findet in räumlichen Schollen und zeitlichen Schleifen statt und kennt so viel mehr. Outing ist kein singuläres Moment. Ich möchte jenseits dieses Topos eines Coming-out blicken, wo wir verstockt am Küchentisch sitzen und nahestehenden Menschen von unserem Empfinden und Begehren erzählen. Diese Vorstellung von Outing ist verbunden mit dem Glauben, sich erklären und entschuldigen und darauf warten zu müssen, dass das Gegenüber mit einem »Macht doch nichts« eine Entlastung erteilt.

Es gibt die Hoffnung, dass es das Outing als Sprechakt irgendwann nicht mehr braucht. Weil es egal ist, wer wen liebt, begehrt, sich geschlechtlich wie fühlt. Die Konvention des Coming-out am Küchentisch, die braucht es wirklich nicht. Die erlebt auch nicht jede queere Person und dennoch erlebt sie die inneren und äußeren Bewegungen, die mit dem Ausbilden einer queeren Identität einhergehen. Es ist das Entdecken, Akzeptieren und Wertschätzen des eigenen Begehrens und geschlechtlichen Empfindens, was ein Outing ausmacht. Nicht dessen Proklamation.

Ich frage mich, welche Stärke in den Erzählungen von Outing liegt? Wann sonst erzählen wir uns davon, wie wir uns ansehen und Geschlecht sich auflöst. Wie ich nicht denke: Hilfe, ich begehre eine Frau. Sondern wie wir uns ansehen und ich denke: Ich begehre dich.

Oder wie wir endlich mutig genug sind, da in der Herrenabteilung die Jacke vom Bügel zu nehmen und in die Kabine zu gehen. Und uns dann im Spiegel betrachten und denken: Das bin ich.

Geschichten davon, wie der Körper weit vor dem Kopf ein Wissen entwickelt. Wie der Körper Dinge weiß, bevor der Kopf es wissen will.

Wann sonst erzählen wir uns davon?

Ich möchte anders vom Coming-out erzählen, weil ich glaube, dass es diese anderen Erzählungen sind, die ein Outing verständlicher, gar universeller machen. Weil diese Geschichten davon erzählen, in welcher Vielgestalt sich Begehren und Körperempfinden entwickeln und es stetig tun.

Andere Erzählungen von Outing lassen auch so viel mehr Geschichten zu: etwa den Wunsch nach Vorbildern, den Kampf mit inneren Widerständen, das Glück, sich zu erkennen. Kennen Sie auch solche Geschichten? So fangen wir an, uns voneinander zu erzählen. Wir graben im Eigenen und holen gleichzeitig etwas hervor, das mehr erzählt als Ich Ich Ich. Das sind persönliche Geschichten, die gleichzeitig über mich als Individuum hinausgehen. Weil wir durch das Erzählen von Anekdoten Phänomene beschreiben und Strukturen sichtbar machen. Weil wir Verbindungen herstellen und uns – queer oder nicht – in den Geschichten anderer spiegeln und andere sich in uns spiegeln lassen.

Und sie sind längst da, diese Erzählungen. In der Literatur, auf den Theaterbühnen, in der Musik, in der bildenden Kunst, in der Popkultur. Ich habe mich reichlich daran bedient, geklaut, Material verwurstet und neugeordnet. Queer relationality als Methode, Verzweigungen und queere Sprachgeflechte. Sie wuchern im Untergrund auch dieses Textes.

Zeit, sie an die Oberfläche zu holen. Gerade jetzt. Denn wir befinden uns in Zeiten, die queere Menschen zurück in die Stille treibt. Sichere und weit geglaubte Räume verengen sich.

Im alphabetisch sortierten Wörterbuch findet sich vor der Lesbe die Lesbarkeit.

Oft habe ich mir gewünscht, die Zeichen der Zugehörigkeit besser lesen zu können.

Aktuell fürchte ich, an manchen Orten zu manchen Zeiten zu lesbar zu sein.

Erzählungen von Natur und Normen von Sexualität und Geschlecht sind mächtig, queere Gegenerzählungen können daher umso selbstermächtigender sein. Deshalb ist es unerlässlich, die Schranktür zu öffnen und alternative Erzählungen von Outing herauszuholen. Oder vielmehr: Einblick zu geben in diese aufregende Schönheit, queer zu sein.

Inviting-in statt *Coming-out.*

Wissen Sie, was ich an meinem Schlüsselbund trage?

Rot Orange Gelb Grün Blau Lila.

Regenbogen.

Ob ich das immer tue, fragen Sie? Oder nur jetzt für den roten Faden dieser Rede?

Wer weiß das schon.

Und: Was würde es ändern?

Ich danke Ihnen.

Corinna Huber, geboren 1993 in Mühldorf am Inn, studierte Rhetorik, Literatur- und Kulturtheorie sowie Literarisches Schreiben in Tübingen. Sie arbeitet als Dramaturgin und Autorin.

Julia Linne

Nichts gegen Eisbären

Eisbären sind mir egal. Genauso Robben, Meeresschildkröten und Bienen, die Brückenechse, der Große Eisvogel, der Orang-Utan und alle anderen Tierarten, die von der Klimakrise bedroht sind. Es ist mir egal, ob die Arktis voller Eis ist, ob der Permafrost in Sibirien taut und wie weit die Gletscherschmelze vorangeschritten ist. All diese Dinge sind zu weit von meinem Alltag entfernt, als dass sie für mich direkt relevant wären.

Hin und wieder drängt sich ein Eisbär in meinen Feed und guckt mich mit großen Augen von einer Eisscholle aus an. Dann schafft er es, mir für einen Moment nicht egal zu sein. Er ist bemitleidenswert, weil die Klimakrise die Eisscholle unter seinen Tatzen schmelzen lässt. Ich lasse ihm einen »Daumen hoch« da und denke, dass man da mal was machen müsste. Doch schon habe ich weitergescrollt und der Eisbär verschwindet samt meinem Mitgefühl. Denn wenn ich ehrlich bin, sind mir Eisbären egal.

Dann drängt sich eine Biene in meinen Feed, wie sie einsam in der Luft hängt. Sie schafft es, mir für einen Moment nicht egal zu sein. Schließlich bestäubt sie die Pflanzen,

70

die wir zum Leben brauchen. Auch wenn ihr die Klima-krise diese Aufgabe immer schwerer macht. Ich lasse ihr einen »Daumen hoch« da und denke, dass man da mal was machen müsste. Doch schon habe ich mir einen Apfel ge-schnappt und beiße hinein. Denn wenn ich ehrlich bin, sind mir Bienen egal. Nur ein leichtes Unwohlsein bleibt. Denn tief im Innern weiß ich, wer die Apfelblüte bestäubt hat.

Schließlich drängt sich ein Artikel über den größten Glet-scher der Alpen in meinen Feed. So schafft er es, mir für einen Moment nicht egal zu sein. Es ist beängstigend zu sehen, um wie viele Quadratkilometer seine Fläche abge-nommen hat. Ich lasse ihm einen »Daumen hoch« da und denke, dass man da mal was machen müsste. Doch schon habe ich weitergescrollt, mir ein Glas Wasser eingegossen und es leer getrunken. Denn wenn mir schon Eisbären und Bienen egal sind, dann Gletscher erst recht. Nur das Un-wohlsein steigt. Denn tief im Innern weiß ich, dass Glet-scher natürliche Trinkwasserspeicher sind.

Wenn mir etwas nicht egal ist, dann wohl fließendes Wasser, dann wohl ein Dach, das meinen Kopf vor Hitze und Hagel schützt. Nicht egal, so einfach ist es, bin ich mir selbst.

Dass Menschen oft nur in der Lage sind, bis zur eige-nen Nasenspitze zu sehen, ist nichts Neues. Ich stelle dabei keine Ausnahme dar. Ich bin mir wichtig.

Genauso ist es das Leben mit einem vollen Kühlschrank, das Leben mit frischer Luft, die nicht zum Wirbelsturm wird, mit Picknickdecken, mit Abenden auf dem Sofa, mit

Wandern in den Alpen und mit Schwimmen im Gardasee. Ich will ein Leben, in dem ich nachts schlafen kann, ohne von einer Katastrophe geweckt zu werden. Ein Leben, in dem ich Nudeln koche und der Petersilie auf dem Balkon beim Wachsen zusehe. Ich will Bücher kaufen, die ich dann jahrelang nicht lese, und Bücher lesen, die mich noch jahrelang begleiten. Ich will durch den Stadtgarten joggen und mit Freund:innen nach Paris fahren. Es ist das Banale, das ich brauche, das ich auch in 30 Jahren noch haben möchte. Familie, Freizeit, Urlaub. Nahrung, Obdach, Frischluft.

Es ist nicht schlimm, nur bis zur eigenen Nasenspitze zu gucken. Um Klimaschutz zu betreiben, müssen wir nicht zu selbstlosen Philanthrop:innen oder Aktivist:innen mutieren. Wir müssen uns nicht für Eisbären interessieren, nur für uns selbst.

Klimaschutz ist Selbstschutz.

Verstehen Sie mich nicht falsch: Nichts gegen Eisbären.

Wenn Sie, die Normalverbraucherin, Ihr Auto gegen ein Carsharing-Abo tauschen,

wenn Sie, die Vorstandschefin, in erneuerbare Energien investieren,

oder wenn Sie, die Politikerin, eine CO_2-Steuer fordern,

weil Sie die Eisbären schützen wollen, bin ich die Erste, die Ihnen den »Daumen hoch« zeigt. Aber wenn Sie all dies tun, nur weil Sie selbst die Sommer mit 25 °C lieber mögen als die mit 45 °C, dann ist es mir genauso recht.

Viele von uns betrachten die Klimakrise noch immer wie einen Autounfall. Wie etwas, das nur den anderen passiert:

den Eisbären, den Menschen in Äthiopien oder all jenen, die zufällig im Sommer 2021 im Ahrtal lebten. Mir ist klar, dass es schwerfällt, sich die Auswirkungen vorzustellen, die die Klimakrise auf ganze Ökosysteme ausübt. Wenn Fidschi unter dem steigenden Meeresspiegel versinkt, weil dem Eisbären die Schollen unter den Tatzen wegschmelzen, bleiben die Auswirkungen auf den Planeten für uns in Europa trotzdem abstrakt. Fidschi ist weit weg.

Erst wenn wir bei 40 °C unsere Großeltern beerdigen, die der Hitze nicht standhalten konnten oder wenn die nächste Flut uns selbst das Haus überschwemmt, werden wir innehalten. Die Katastrophe wird uns wie der Eisbär mit großen Augen ins Gesicht starren. Und wir werden denken: »Da müsste man mal was machen.« Doch dann ist die Beerdigung vorbei und der Keller wieder trocken. Und wir sagen uns, dass Oma schon alt war und dass Flüsse auch früher über die Ufer traten.

Dabei ignorieren wir, dass es kein Menschenrecht auf unendliches Wirtschaftswachstum gibt, auf Urlaub in Argentinien oder auf Fleischwurst. Und wir ignorieren, dass zehnspurige Autobahnen nicht nötig sind, um ein glückliches Leben zu führen. Glück finden wir auch im Zug, in Italien und beim Curryessen.

Doch während wir über Hitzewellen klagen, wählen wir Parteien, deren Programme die Klimakrise (wenn überhaupt) als Randthema betrachten. Wir reden uns damit heraus, dass die anderen viel schlimmer sind als wir. »Die anderen«, das sind wahlweise China, die Großkonzerne oder die Superreichen. Und wir strafen die Politik, indem wir unser Kreuzchen sofort anderswo hinsetzen, sobald sie mit Maßnahmen für den Klimaschutz in die Wirtschaft eingreift. Denn sie könnte ja das Ticket nach Mallorca teurer machen.

Dass es die Politik ist, die nicht nur uns, sondern vor allem Großkonzerne und Superreiche in die Mangel nehmen könnte, ignorieren wir. Und dass wir es sind, die die Politik dazu bringen müssen, ebenso. Wir sind zu bequem. Diese Scheuklappen, die vielen Menschen noch immer den Blick versperren, sind einfach unerträglich. Lieber kämpfen sie um ihr Recht aufs Schnitzel als um Omas Recht auf Leben.

Niemand will so traurige Augen haben wie der Eisbär, der sich halb verhungert an seine Scholle klammert. Niemand will auf den saftigen Apfel oder das Wasser aus der Leitung verzichten. Niemand will auf das eigene Hausdach klettern müssen, um nicht zu ertrinken. Doch erst wenn uns der metaphorische Eisbär täglich ins Gesicht springt, werden wir merken: Es waren nicht der Kohlestrom und das subventionierte Flugkerosin, die unser Leben lebenswert gemacht haben.

Es war die Zeit mit der Oma in unserem noch nicht überfluteten Haus.

Ich lebe mitten im Ruhrgebiet und ich liebe jede Sonnenblume, die sich in die Ritzen unserer Gehwege drängt. Ich liebe jeden Brunnen, jede Fahrradgarage, jeden neuen Park. Ich liebe jede Blumenampel, jedes Café und jede Schaukel. Ich liebe jede Maßnahme, die unsere Städte von

Grau zu Grün verändert. Und je lebenswerter unsere Städte werden, desto mehr will ich sie bewahren. Desto mehr will ich, dass es auch in 30 Jahren noch möglich ist, im Sommer durch ihre Straßen zu spazieren, ohne vor Erschöpfung an jeder Ecke halten zu müssen.

Es ist nicht der Eisbär, den ich retten will, sondern der Gang zu meinem Lieblingscafé. Der ist es, der mir den Alltag verschönt.

Wenn wir ein Auto kaufen, uns auf den Weg zur Arbeit machen oder ins Wahllokal gehen – der Eisbär darf uns egal sein. Wir selbst aber nicht.

Julia Linne, geboren 1992 in Hagen und aufgewachsen im Sauerland, studierte Literatur, Anglistik und Geschichte. Sie arbeitet als Forschungskoordinatorin und beschäftigt sich als freie Autorin u. a. mit den Biographien bekannter und unbekannter Frauen der Weltgeschichte.

Alexa Rudolph

Verlust

Ich heiße Judith, wie die Frau, die ihrem Schänder im Schlaf mit seinem eigenen Schwert den Kopf abgeschlagen hat. Sehr blutig, sehr mutig. Wieso mir meine Eltern vor über fünfundachtzig Jahren ausgerechnet diesen Namen gegeben haben? Sie haben es mir nicht verraten. Meine eigene Geschichte verlief zum Glück anders, ohne Schwert, aber mit viel Herz, Schmerz und Schmalz. Und wenn jemand seinen Kopf verloren hat, dann war *ich* das.

Mein erster Mann war auch meine erste Liebe, so eine Liebe, die man an der Uni im zweiten Semester kennenlernt, die man durch den Frühling schleppt, über die Wiesen voller Schlüsselblumen und Bächlein mit klarem Wasser, in die man die Füße hängt, bis sie eiskalt sind, Schuhgröße 36 und die 43, die zu dem Mann gehört, den man schon seit Wochen im Auge hatte und der das nicht sehen wollte, bis auf den einen Tag, an dem er es endlich bemerkte. Also die Füße im Wasser, die Arme verschlungen, wenn ich nur wüsste, wie es dann weitergegangen ist – denn es ist weitergegangen, schließlich haben wir drei wunderbare Kinder zusammengebastelt, vielleicht waren es auch vier Kindlein, die wir uns geknetet haben, in den hübschesten Farben des Farbkastens, in Blautönen leuchteten mindestens drei davon.

Als ich meiner Freundin Liesa, die nur ein Jahr jünger ist als ich, aber sehr gescheit, bei einem Besuch die Geschichte von meiner ersten Liebe erzählt habe, hat sie die Augen verdreht. Ich bin in ihrem Sessel gesessen und habe gesagt: »Weißt du, Liesa, meine Kinder waren so himmelblau wie dein schöner Sessel!«

»Judith, grün! Moosgrün ist der Sessel«, hat sie geantwortet und mit ihrem Stock auf den Boden geklopft. Tack, tack, tack hat es gemacht, und da ist mir wieder eingefallen, was ich erzählen wollte. »Liesa, ich erinnere mich wieder«, habe ich gesagt.

»Gut. Wie ging es also weiter mit deiner ersten Liebe?«, hat sie wissen wollen. Ich habe die Schultern gehoben, weil ich es nun doch nicht mehr wusste, weil ich es vergessen hatte. »Man muss vergessen können, Liesa!«, habe ich ganz forsch gerufen. »Vergessen ist wichtig, um wieder Platz zu schaffen, sonst hat das Leben keinen Platz mehr, und das Leben braucht eine Menge Platz, weil so vieles passiert, was man konservieren möchte, wie ein Glas saure Gurken oder einen Topf Weißkraut. Den Mann konnte ich nicht konservieren, er hatte ein Verfallsdatum, das nach drei Kindern einsetzte, weshalb er mich mit den Knirpsen sitzen ließ. Oder waren es doch vier Kinder? Eines der Kinder ist mir abhandengekommen, glaube ich. Der Mann tauchte ab, wurde reich und berühmt und tauchte nie mehr auf. Ein Taucher. Verstehst du, Liesa?«

Liesa war ein wenig eingenickt, wurde wieder wach und sagte:»Und was geschah dann?«

»Entschuldige bitte, Liesa, ist dein Sessel grün oder himmelblau?«

»Himmelgrün. Bitte, lenk nicht ab!«, sagte sie und gähnte.

»Danke, du bist sehr lieb zu mir«, murmelte ich.

»Der Vater deiner Kinder ist also abgetaucht«, sagte sie nach einer Weile.

»Richtig, er hat Karriere gemacht und eine richtig tolle Frau geheiratet. Ein großartiger Mann! Ich bin sehr stolz auf ihn und dass wir eine gute Zeit zusammen hatten.«

»Obwohl er dich sitzengelassen hat?«

»Er hat mir drei großartige Kinder geschenkt.«

»Ein großartiger Mann schenkte dir drei großartige Kinder. Phantastisch!«

»Liesa, ja, ja, ja«, sagte ich und sah an ihrem Gesichtsausdruck, dass sie mich nicht verstand. Ich weiß, es ist schwer, das Leben und seine komischen Zufälle zu verstehen. Als ich die Suppe gekocht habe, die meine beste Suppe aller Suppen war, da hat auch niemand verstanden, warum ich kein Fleisch hineingetan habe.»Judith, wo ist das Fleisch?«, haben alle geschrien und mich noch am selben Tag zu einem Nervenarzt geschleppt. Der Nervenarzt konnte auch nicht sagen, wo das Fleisch geblieben war, aber er hat mir recht gegeben. Es kommt nicht darauf an, was in der Suppe schwimmt. Hauptsache sie schmeckt. Das Ergebnis zählt. Dabei bin ich mir sicher, dass ich die Suppe wie immer gekocht habe. Mit Fleisch. Nur nicht dieses langweilige

Fleisch vom Metzger, ich habe etwas genommen, das aussah wie Fleisch: einen grauen Topflappen vielleicht – und schon waren alle entsetzt.

Meine Hand streichelte Liesas Sessel, die Armlehne, die Ohrenstützen, die Seitenteile. Liesa beobachtete mich. Ich nickte ihr zu.»Ach, Judith, was soll aus uns werden?«, sagte sie mit klarer Stimme und klarem Blick.

»Ich bin zuversichtlich. Ich bin, wie ich bin, und hoffe bis zuletzt, es immer mehr zu werden«, antwortete ich, weil ich den Satz einmal gelesen habe, ihn nicht vergesse, weil er mir gefallen hat. Sie blickte mich ungläubig an, tippte sich an die Stirn und zeigte mir den Vogel.

»Doch, Liesa, doch!«, rief ich.»Glaube mir, es schwimmt immer was drin in der Suppe.«

»Dann erzähle mir bitteschön, wie das mit dir und deinen drei Kindern weitergegangen ist«, knurrte sie. Ungeduld stand jetzt auf ihrer Stirn.

Sie ging zum Fenster.»Es regnet«, murmelte sie.

»Wie schön«, sagte ich, obwohl ich genau wusste, dass es nicht regnete. Es hat schon monatelang nicht mehr geregnet. Regen ist eine Seltenheit geworden. Falls es überhaupt noch einmal regnen sollte, aber dafür gibt es keine Anzeichen, dann ganz bestimmt nicht heute.

»Heute können wir nicht runter zum kleinen Bach gehen«, fuhr Liesa mitten hinein in meine Gedanken.

Ich nickte.»Nein, heute nicht. Es sind ganz bestimmt keine Dampfer draußen«.

Sie blickte auf. »Was für Dampfer?«

»Weiß nicht. Hab's vergessen. Aber die Kombination Bach und Dampfer, die gefällt mir. Auch Flusspferde würden gut passen«, sagte ich kleinlaut.

»Und deine Kinder, hast du die auch vergessen?«, wollte sie nach einer schrecklich langen Pause wissen.

»Ich habe keine Kinder vergessen, alle meine Kinder haben *mich* vergessen, so herum stimmt die Suppe«, rief ich. Liesa klopfte mit dem Stock. Tack, tack, tack. Beim dritten Tack fiel es mir wieder ein. Ich hatte sieben Kinder von vier verschiedenen Männern. Das habe ich ihr aber nicht erzählt.

»Ich muss mich verabschieden«, sagte ich. »Ich will noch ein bisschen arbeiten. Weißt du, man sagt doch, einmal Lehrerin, immer Lehrerin. Ich bekomme Besuch von einem Schüler und will mich darauf einstellen. Er soll nicht merken, dass ich ein kleines Problem habe.«

»Hast du schon gesehen, im Bach ist kaum noch Wasser«, rief mir Liesa hinterher.

»Aber Liesa, du hast doch gerade behauptet, dass es regnet, wieso also soll im Bach kaum noch Wasser sein?«, lachte ich.

»Stimmt, Judith, stimmt! Ist egal, ob viel Wasser, wenig Wasser oder überhaupt kein Wasser, wir bleiben heute zu Hause.«

Mit dieser Feststellung beendeten wir die Konferenz der Tiere, und ich verabschiedete mich. Ich musste außerdem noch die Zeugnisse für die 3b schreiben. Die Sommerferien standen bevor. Ich hatte einige schwierige Fälle in meiner Klasse. Vor allem der kleine Miro machte mir Kummer. So ein netter, kluger Kerl, aber immerzu unaufmerksam. Sein Vater war eine Frau, die zum Mann werden wollte. Eine totale Geschlechtsumwandlung mit allem, was dazugehört. Die ganze Familie stand Kopf. Sie wussten nicht, wie sie damit umgehen sollten. Ich hatte Miros Mutter einbestellt, weil ich mit ihr reden wollte. Ich musste mich also beeilen, um an meinen Schreibtisch zu kommen. Liesa hob ihren Stock, doch plötzlich legte sie ihn wieder zur Seite und machte kein tack, tack, tack mehr. Sie war schließlich meine Freundin. Sie hatte kapiert.

Alexa Rudolph, geboren 1949 in Emmendingen, war fünfundzwanzig Jahre als Bildende Künstlerin tätig, arbeitet heute als Schriftstellerin, lebt in Freiburg im Breisgau.

Anika Westermann

Aus dem Alltag gefallen

Mich hat der Tod besucht. Er kam an einem sonnigen Junimorgen nach einer Routine-Untersuchung. Aus einem »sicherheitshalber genauer schauen« wurde ein »Das sieht nicht gut aus«.

Krebs also. Ich also. Einfach so. Zwischen einem Coffee to go und dem Weg zum wöchentlichen Team-Meeting, zwischen den Gedanken an die nächste zu überweisende Rechnung und die noch rauszubringende Stinkemüll-Tüte. Ich könnte Ihnen eine Geschichte erzählen von abrasierten Haaren und vollgekotzten Koffern. Sie könnten sich eine Geschichte erzählen von inspirierender Heilung und vom Überleben einer starken Heldin mit Silikonbrüsten.

Aber es geht nicht um mein Überleben.

Ich bin keine Heldin.

Es geht um *Ihr* Unbehagen.

Unbehagen ist das, was Sie in die weiche Umarmung der Bequemlichkeit treibt. Arme aus abschirmender Watte, in die ich mich auch mal flüchten konnte. Ich vermisse das.

Als mich der Tod mit seinem Besuch zu Fall brachte, bin ich nicht mehr in den tröstenden Armen der Bequemlichkeit gelandet. Ich sitze jetzt auf dem harten Boden der Realität, zusammen mit all den anderen Aus-dem-Alltag-Gefallenen. Außerhalb Ihrer Wattewolke läuft die Zeit anders. Genauer gesagt läuft sie gar nicht. Die Zeit steht. Wir Kranken laufen hier nicht mehr.

Wir warten.

In Wartezimmern.

Neben dem Telefonhörer mit der Warteschleifenmelodie der Arztpraxis.

Auf heißen Kohlen, während wir monatelang auf den Untersuchungstermin hoffen.

In Bussen und Bahnen nach Klein-Schnusepöppel, wo die Praxis ist.

Wir sitzen in den Facharzt-Wartezimmern und füllen Fragebögen aus.

Wir sitzen in den Behandlungszimmern und warten, dass die Untersuchungen abgeschlossen sind.

Wir warten auf Infusionen, die durch die Adern laufen müssen.

Auf Tropfen, die wirken müssen.

Wir sitzen vor weißen Wänden mit abstrakten Gemälden und warten auf die ausgedruckten Befunde.

Wir warten auf die Medikamente, die gerade nicht erhältlich sind.

Auf die Hilfsmittel, die maßangefertigt werden müssen.

Auf die Bescheide, ohne die wir die nächsten Schritte nicht einleiten können.

Auf die telefonische Sprechzeit.

Auf das Aufrücken in der Warteliste.

Auf den Beginn der Therapie.

Wir warten darauf, dass die Schmerzen weniger werden.

Dass die Therapien anschlagen.

Dass das Leben weitergeht.

Denn solange das Leben stillsteht, werden auch wir Aus-dem-Alltag-Gefallenen still. Ich habe nichts mehr zu sagen, das die Gesellschaft hören will. Warten ist in Ihrer rasanten Welt nicht erwünscht. In der Alltagswelt ist nirgendwo ein Raum zum Platz nehmen.

Ich verstehe das gut. Warten ist langweilig. Das Ding ist nur: Am Ende gehören wir Aus-Dem-Alltag-Gefallenen und alle Durch-Den-Alltag-Eilenden wieder zusammen. Sie, die in Watte Gepackten, eilen auch nur durch dasselbe Zimmer, in dem wir schon auf dem Boden der Tatsachen gelangweilt sitzen. Wir sind alle zusammen mit einer Nummer in der Hand im Wartezimmer des Todes.

Natürlich dürfen Sie die Augen davor verschließen und sich das Märchen erzählen, dass Sie auf gar keinen Fall aufgerufen werden. Aber es wird passieren. Der Tod wird uns nach und nach auf die Schulter tippen und uns mit in sein Sprechzimmer nehmen.

Und so lange beobachten wir Aus-dem-Alltag-Gefallenen sehr genau, wie Sie an uns vorbeirennen und Ihre Kreise drehen. Wir spüren, wenn Sie uns auf die Füße treten, uns umrennen, uns wegdrängeln. Wir haben viel zu wenig Platz. Wir werden nicht gesehen.

Dabei sind wir viele. Viele Millionen. *Ich* bin zum Beispiel nur eine von 1,5 Millionen Menschen in Deutschland, bei denen in den letzten fünf Jahren Krebs diagnostiziert wurde. Was macht die Gesunden denn eigentlich zur Ausnahme aus der Statistik?

Eigentlich nichts.

Ich bin nicht nur eine fremde Frau, die Ihnen hier eine Geschichte erzählt. Ich bin irgendwie auch Ihre Mutter, Ihr Vater, Ihre Schwester, Ihre Freundin, Ihr Kumpel, Ihr Kollege. Ich spreche für *Ihr* Zukunfts-Ich.

Wenn Sie uns nur mal kurz direkt anschauen würden, dann könnten Sie erkennen, dass wir gar nicht anders sind als Sie. Nur träumen wir nicht ganz so viel. Ja, wir Kranken, Behinderten und Bald-Sterbenden tun die Dinge nicht in Traumwelten, sondern bewusst. Wir entscheiden aktiv zwischen den Möglichkeiten, die uns bleiben.

Die Wahrscheinlichkeit, dass Sie oder Ihr Umfeld irgendwann im Laufe Ihres Lebens krank werden, ist sehr hoch. Und egal, welche Krankheit es sein wird – sie wird immer dafür sorgen, dass man erst einmal mit dem Tempo des Watte-Alltags nicht mehr Schritt halten kann.

Und ich frage mich: Warum sehen wir diese Realität von Millionen von Menschen nicht in den Dingen, die unser tägliches Leben prägen?

Unsere Gesellschaft lebt in der Perspektive und im Tempo gesunder Menschen. Krankheit ist nur sichtbar als quotentaugliches Drama, als Thema bei Spendenaktionen und in herzzerreißenden Reporterstorys.

In der Werbung gibt es selbstverständlich gegen jedes

Wehwehchen ein Zaubermittel. Denn es ist eigentlich ganz einfach gesund zu sein, sagen die Gesunden. Wer krank ist, strengt sich nicht genug an, ist selbst schuld, hat versagt.

Ich finde, unsere Gesellschaft ist nicht gesund. Genauer gesagt, ist sie auf einem Auge blind: Sie blendet einen grundlegenden Teil unseres täglichen Miteinanders aus.

Kranksein ist auch Leben.

Es macht Dinge besonders. Es baut einem seinen eigenen Kompass im Leben.

Wenn man nicht mehr selbstverständlich Alltagsdinge tun kann, muss man sich entscheiden. Wofür setzt man die begrenzte Energie ein? Was ist am wichtigsten?

Auch ich musste mich entscheiden. Zum Beispiel schminke ich mich seit dem Krebs nicht mehr. Es hatte keine Konsequenzen.

Mein Freundeskreis, mein Partner, mein Arbeitgeber – niemanden kümmert es. Ich habe also schätzungsweise 450 Stunden meines Lebens mit etwas verbracht, das für mich offensichtlich keinen Unterschied macht.

450 Stunden, die ich in sinnvollere Dinge hätte stecken können.

Warum? Weil »man« das so macht. Ich musste es nie hinterfragen.

Krankheit offenbart unhinterfragte Zeitfresser. Sie bremst nicht, sie bereichert unsere Gesellschaft.

Womöglich würden auch die Gesunden ihre Zeit anders aufteilen, wenn unser »normal« ein anderes wäre als das, was wir heute leben.

»Normal« ist das, was uns täglich umgibt. Wir wachsen hinein und nehmen es hin. Im Moment sind die für uns »normalen« Körper rundum optimiert. Wir sehen geschminkte Menschen, in Formwäsche gepresste Bäuche und definierte Muskeln. Krankheit sehen wir nicht. Aber mein Körper ist krank. Viele andere Körper sind auch krank. Ich kann und will diesen Körper nicht treten oder ihn in etwas hineinzwängen. Er hat so viel für mich ausgehalten. Ich finde ihn stark auch ohne Muskeln. Aber uns fehlen in der Gesellschaft die Bilder, die uns daran gewöhnen, dass Körper einfach Körper sind. Eine unverzichtbare Lebenshülle und diesem Zweck auch in unperfekt noch dienlich.

Stattdessen leben wir in einem »normal«, das niemand dauerhaft halten kann. Stets unter dem Stress, nicht aus den gewohnten Bildern zu fallen, damit wir nicht am Rand der Gesellschaft nahezu unsichtbar werden.

Wie soll man in so einer Gesellschaft wachsen können? Ich konnte es nicht.

Erst auf dem harten Boden der Tatsachen bin ich gewachsen.

Nichts hat mich persönlich in meinem Leben so geprägt und tiefgreifend verändert wie das Kranksein. Nichts hat mich anderen Menschen so nahegebracht, wie der unausweichliche Fakt, auf deren Hilfe angewiesen zu sein.

Ich glaubte lange, dass ich besonders wertvoll bin, wenn ich besonders viel leiste. Ich fand es gut, gestresst zu sein. Doch mein neuer Job war plötzlich das Warten.

Wer bin ich denn, wenn ich nur herumsitzen kann?

Bin ich so überhaupt noch etwas wert?

Mein Herz sagt eindeutig:»Ja!«

Mein Kopf sagt:»Na sicher!«

Meine Freunde sagen:»Natürlich!«

Das Grundgesetz sagt:»Aber so was von!«

Aber der Alltag sagt:»Nichts bist du wert, du faules Stück Scheiße!«

Ich weiß, dass ich wertvoll und stark bin. Ich weiß es. Weil ich Hilfe annehmen konnte und erhalten habe, als ich sehr schwach war. Sich von jemandem die Hand reichen und sich halten zu lassen, während man sehr verletzlich ist – das ist ein echtes Risiko.

Eine Gesellschaft, die die Hand reicht – in deren Mitte wirklich Zeit und Raum für die Kranken ist –, das schafft *echte* Nähe. Es kittet Risse. Es heilt. Es stärkt das Vertrauen ineinander.

Mir gefällt es übrigens hier bei den Zum-Warten-Verdammten. Trotz aller Schmerzen, trotz aller Einschränkungen fühle ich Frieden – und das konnte ich nicht von mir behaupten, als ich gesund war.

Denn ich hatte Glück. Ich hatte ein Umfeld, dass meine Hand gehalten hat, statt sie loszulassen. Ich wurde nicht weggestoßen. Nichts hat meinen inneren Kompass so deutlich geprägt wie die Tatsache, dass mir geholfen wurde. Von Ärzten, von Freunden, von meinem Arbeitgeber. Mir wurde geholfen, und deshalb glaube ich noch an *uns* als Gesellschaft.

88

Doch für viele Menschen mit weniger Glück ist Krankheit in unserer Gesellschaft ein unendlicher Abgrund, der einen zerschmettert. Viele Kranke sind einsam. Vielen, gerade Frauen, wird oft nicht geglaubt. Häufige Fehltage ziehen häufige Kündigungen nach sich. Behinderung heißt zu oft Arbeitslosigkeit. Viel zu viel der viel zu wenigen Kraft geht ins Kämpfen um eigentlich klar zustehende Behandlungen und Alltagshilfen.

Wollen wir das als Gesellschaft wirklich? Wollen *Sie* das?

Für sich? Für Ihre Lieben?

Es betrifft uns alle.

Wo landet denn *Ihr* Zukunfts-Ich,

wenn Sie morgen plötzlich dauerhaft krank werden?

Fallen Sie ins Bodenlose oder hält Sie jemand fest?

Wir sind viele, die Sie im Fall der Fälle an die Hand und in den Arm nehmen könnten.

Wir sind Millionen, die Sie in jedem Ihrer dunklen Momente aushalten würden.

Wir sehen Sie doch schon. Wir sehen Sie ganz genau, während wir hier sitzen und warten. Aber sind Sie mutig genug, uns zu sehen?

Anika Westermann, 1984 in Perleberg geboren, lebt heute in Hamburg, wo sie für die Stadt arbeitet. Schon seit ihrer Kindheit malt und schreibt die Überlebenskünstlerin. 2023 veröffentlichte sie nebenberuflich ihre erste Graphic Novel »Zitronengesichter«.

Marita Rehbein

e i n s a m k e i t

liebe freundinnen, liebe freunde, liebe zuhörende, »einsamkeit hat viele namen«, hat *christian anders* schon 1974 gesungen. meine einsamkeiten heißen julia, max, heinz, sabine ... wenn ich mal wieder einen kräftigen schub meiner **modernen krankheit** habe, bin ich versucht, jeder einzelnen person von ihnen gegenüber **ungehalten** zu sein: die eine hat mich nicht mitgenommen zu der fahrt ins museum nach frankfurt, der andere ist ohne mich durch meine lieblingsgegend gewandert ... aber dank des behutsamen heraustretens aus der tabuzone habe ich ihnen und unserer freundschaft heftige vorwürfe erspart.

ich bin selten allein. täglich freue ich mich über reges interesse an meinen fotos im whatsapp-status, dafür bin ich stets um abwechslung bemüht: schaut her, ich bin dauernd unterwegs, bin aktiv – nicht, dass irgendjemand auf den gedanken kommen könnte, ich sei einsam. äußerlich bin ich gut vernetzt – wohlwissend um den enormen trugschluss über diese scheinbare nähe in sozialen netzwerken.

folglich begegnet mir verwunderung, wenn ich andeute,

dass ich einsam bin: »du – einsam? du machst witze! ich traue mich gar nicht, dich zu fragen, ob du zeit für eine aktivität mit mir hast, weil du immer unterwegs bist!« damit hat sich das gespräch dann schon meist erledigt. auf die häufige frage »wie geht es dir?« ist auch im engen privaten kreis nur die schnelle antwort »danke, gut« möglich.

hier der versuch einer definition des unterschieds: alleinsein ist ein **objektiv sichtbarer zustand**, einsamkeit dagegen ein **subjektives gefühl** – objektiv – subjektiv und zustand – gefühl!

so sende ich weiter falsche botschaften, wenn ich meine einsamkeit zudecke mit aktivitäten. unternehmungslust ist gesellschaftlich positiv konnotiert, mitleid und verständnis gibt es nicht unbedingt. andere menschen, die sich einsam fühlen, bleiben eher zu hause, sind seltener unterwegs – unterschiedliche umgänge mit dem gleichen gefühlszustand. manchmal wechseln die ausdrucksformen, aber dazwischen liegen viele abstufungen, die auf einen mangel an engen sozialen bindungen hinweisen.

nach *niklas luhmann* ist einsamkeit eine »wahrgenommene diskrepanz zwischen den gewünschten und den tatsächlichen sozialen beziehungen«. meine beste freundin fragt mich: wie viele und wie enge kontakte brauchst du eigentlich, um dich nicht mehr einsam zu fühlen, um **satt** zu werden?

diejenigen meiner freundinnen und freunde, die stricken oder malen können oder computerspiele mögen oder viel lesen (das mache ich nachts, wenn ich nicht schlafen kann), oder wenigstens chillen können, nutzen die zeiten ihres alleinseins als für sie befriedigende momente. auch menschen, die in großen familien zusammenleben, können das alleinsein manchmal genießen.

verschiedene facetten werden bei der einsamkeit unterschieden: die soziale und die emotionale sowie die kulturelle ebene.

manfred spitzer behauptet, dass nicht nur alleinerziehende, ältere menschen oder singles, sondern z. b. auch frauen in **ihrer ehe einsam** sein können – und das sei für sie die schlimmste form.

in england wurde 2018 eine einsamkeitsministerin ernannt. in kassel gibt es einen ehrenamtlichen seniorenbeirat, dessen schwerpunkt auf der vernetzung von aktivitäten liegt. aber ich suche eher eine debatte über einsamkeit. kurzfristig war dieses problem im zusammenhang mit corona-beschränkungen in aller munde; inzwischen ist es kaum noch hörbar. es macht mich **ungehalten**, dass dieses thema mit den masken verschwunden zu sein scheint.

laut techniker-krankenkasse sind 15 % der menschen in deutschland betroffen, aber die dunkelziffer liegt wesentlich höher – eben weil dieses thema nicht den stellenwert bekommt, der nötig wäre. die folgen sind teuer für uns alle: kopfschmerzen, schlechter schlaf, depressionen oder demenz, infarkt …

war es früher anders? ich weiss es nicht, ich bin auf einem dorf aufgewachsen, wir kinder haben uns auf der straße getroffen, meine demente oma wurde von irgendwem, aber sicher, nach hause gebracht, egal, wo auch immer sie gestrandet war. vielleicht war privatsphäre bis hin zur isolation nicht so wichtig?

heute lebe ich in einer kleinstfamilie: meine tochter und ich. weil meine mutter keine geschwister hatte und mein vater der jüngste war, habe ich weder geschwister noch cousins oder cousinen, meine tochter ebenfalls nicht.

ich bin erst 73 – eine frau, finanziell relativ unabhängig, meine körperliche verfassung könnte schlechter sein, meine neugier und mein aktivismus nehmen eher zu als ab ...

während dieser überlegungen begleitet mich der song von ralph mctell von 1969 »so how can you tell me you're lonely ... (I'll) show you something to make you change your mind«. darf **ich** überhaupt einsam sein?

aber **ja**! und ich bin es nicht alleine! heute zieht sich dieses problem durch alle schichten, geschlechter, nationalitäten, altersgruppen. als frau, als single, sowie als ältere person bin ich überproportional betroffen. und die tabuisierung auch im privaten macht mich **ungehalten**. einsamkeit muss, so wie andere unangenehme themen wie alkoholismus, süchte oder krankheiten, aus der schamzone herausgeholt werden.

in den letzten zwei jahren habe ich drei mir sehr nahestehende menschen durch den tod verloren, sowie drei andere freundinnen und freunde, die durch ihre schwere krankheit nicht mehr zur aktiven teilhabe in der lage sind.

wie wird es mit meiner einsamkeit weitergehen? wenn

ich keine 80 km täglich mit dem e-bike mehr radeln kann, wenn ich beim doppelkopf die gefallenen karten vergesse, wenn ich nicht mehr laut aufschreien und **ungehalten** werden kann über die sogenannte krankheit, die auf ganz leisen sohlen und still oder wie bei mir in der hyperaktiven form oder alternierend nagt?

ich muss bei mir anfangen, das thema einsamkeit klar zu artikulieren, auf der gesellschaftlichen ebene, aber zunächst auf der persönlichen, d. h. bei julia, max, heinz, sabine ...

und zwar jetzt!!! und hier und heute!!! und mit euch!!!

Marita Rehbein, geboren 1951 in Warburg / Westfalen, studierte Lehramt für Mathe und Deutsch mit Zusatzstudium für Hörgeschädigte und unterrichtete 36 Jahre. Seit ihrem Unruhestand 2012 arbeitet sie als Gästeführerin in Kassel.

Eva Schulz-Jander

Ein Abschied und ein Wortriss

Du legst dich schlafen, wachst zwei Stunden später auf, und die Welt steht still. Alles ist wie immer, die Narzissen strahlen gelb auf dem Fensterbrett, auf dem Tisch tickt die Uhr, auch der Baum vor dem Haus ist stehen geblieben, ein Erdbeben schafft sich langsam, ach so langsam seinen Raum in dir, erfasst dich noch sanft, doch der Erdstoß wird kommen, er muss kommen, alles ist, wie es war, und nichts ist, wie es war, und wird nie wieder so sein. Der heftige Stoß des NIE kann dich noch nicht erreichen. Du trittst in einen anderen Raum, in eine andere Zeit, es ist unsere Zeit, seine und meine. Chronos hat sich verabschiedet, und Kairos ist gekommen, auf den Zehenspitzen seiner geflügelten Füßen trat er herein, und der Augenblick wurde zum Immer, zum Nie-Wieder. Die Uhr mag ticken, du hörst sie nicht, die Zeit steht still.

Du gehst an sein Bett, er, um den du dich sorgst, er, der dich noch drei Mal rief in der Nacht, dir tief in die Augen blickte, mit Augen so vertraut und doch anders, du hast ihn angeschaut, *ich bin bei dir, ich bin hier,* hast ihn gestreichelt, sein Zittern, seinen ruhelosen Atem eingefangen, von ihm

95

genommen mit deinen Händen, bis er zum Schlafen sich auf die rechte Seite drehte und die Augen, diese Augen, mit den Lidern verhüllte. Ruhig fließt der Atem – ein – aus, ein – aus, ein – aus. Und du legst dich hin auf das graue Sofa daneben. Drei Mal bist du zu ihm gegangen in der Zeit vor dem Erdbeben. War es nicht genug? Hättest du bleiben, danebenstehen, danebensitzen müssen? Statt zu schlafen? Das Ein-und-Aus des Atemholens mit deiner Hand begleiten, führen sollen? Hättest du warten sollen, danebenstehen, bis auf das Ausatmen kein Einatmen mehr folgt? Du hast es nicht gewusst, hast es nicht erahnt, wusstest nicht, dass bald, zu bald, eine neue Zeitmessung anbrechen wird, und der messbare Atem nicht mehr messbar sein wird, erfrieren wird in der Stunde, in der du schläfst. In der Nacht vom achten auf den neunten April zwanzig-drei-und-zwanzig um vier Uhr dreißig verschwand lautlos die Gestalt neben dir. Auf das Ausatmen folgt kein Einatmen mehr, nie mehr. Und du trittst schutzlos und aufgetrennt ein in den neuen Raum, in die neue Zeit ohne ihn.

Du, die Gehetzte, die der Zeit Hinterherrennende, jetzt hast du Zeit. Eine Nacht lang sitzt du bei ihm, legst dich neben ihn, streichelst ihn, sprichst mit ihm, wie du nie vorher gesprochen hast, sagst, was gesagt werden muss zwischen euch, schreist es heraus, ob er es noch hört? Seine Antwort wird kommen auf anderen Wegen, unbekannten, wirst du sie erkennen? Warte, es braucht Geduld und Vertrauen in das Mächtige, das euch geschieht. Ihm geschah es sichtbar, und dir geschieht es fortan, verwandelt dich, knetet dich zu der, die du sein wirst, eine Haltlose, Ungehaltene, eine Mit-ihm / Ohneihn. Das ist kein Gegensatz, in der neuen Zeit, in dem neuen Raum gilt ein anderes Gesetz. Die abgetrennte Hälfte muss erst wachsen in neuer Gestalt, und dich verwandeln und heilen. Lass es seinen Anfang nehmen. Wer bist du jetzt nach der langen Nacht der Verwandlungen? Er ging – du bliebst. Du schreibst ihm Briefe in der Nacht, erzählst ihm, dass die Katze krank, die Terrasse undicht, das große Fenster blind, fragst, was du machen sollst, und weißt doch, dass keine Antwort kommen wird – niemals. Es sind Briefe, die er nie lesen wird, echolose Briefe. Und dennoch musst du sie schreiben. Deine Worte weben das Trauertuch. Es hüllt dich ein und wärmt dich.

Und dann bricht, wie ein kalter Wind, die Welt ein in deinen Trauerraum. Du musst heraustreten, den Fuß heben, den Schritt wagen, den Anforderungen begegnen, auch wenn die Seele hinterherhinkt, muss der Fuß aufsetzen, den Schritt wagen, schwankend und taumelnd zwar, aber du musst gehen in die Welt der fremden Worte, der Waffenworte, dein Ich bedrohend.

Das Erste: Hinterbliebene – Als Hinterbliebene / Nachfolgende musst du einen Antrag stellen bei der Bank und das Konto auf deinen Namen umschreiben lassen, seiner wird getilgt. *Tilgen dringt ein in dich wie Gift. Tilgen? Endgültig beseitigen, aus der Welt schaffen?* Hier wird ein Mensch beseitigt wie üble Gerüche, Ungeziefer oder Müll. Nichts wird getilgt, alles bleibt. Es ist noch immer **unser** Geld, uns kann keiner tilgen.

Das Zweite: Erbin – Als Erbin / Erbberechtigte sollst du eine Erbschaftssteuererklärung bis zu einem bestimmten Termin abliefern. Du willst nichts erben, du willst wiederhaben, was du verloren hast. Nicht tilgen, nicht erben. Doch diese Worte sind vergänglich.

Das Dritte: Witwe, jedoch, ist für immer. – Du sollst einen Antrag auf Witwenpension stellen. Da ist es – amtlich, du bist keine Ehefrau, keine Geliebte mehr, du bist eine Witwe. Wieso? Nur weil er gegangen ist, bist du doch immer noch seine Frau, die Hüterin der Erinnerungen. Sind die Toten nicht unverlierbar?

Und dennoch, auch dieser Schritt muss gegangen werden, fortan wirst du bei allen Dokumenten das Wort Witwe angeben müssen, das Wort wird dich fortwährend begleiten, es ist von Dauer. Ein Wort so fremd und fern von dir, hast Bilder von verhärmten, verkrümmten Witwen in Schwarz vor Augen, oder die Witwe Bolte, die kehrt *mit stummem Trauerblick / langsam* in ihr Haus zurück. Und keiner weiß so recht, ist sie Witwe eines Mannes oder eines Hahns und dreier Hühner? Das gleiche Wort für dich? Unmöglich! Du sprichst es vor dich hin, willst andere Bilder erzeugen, schaust auf das altdeutsche Ursprungswort *wituwa* aus dem 8. Jahrhundert. Wituwa schafft Distanz zum modernen Wort und der Witwe Bolte. Wie mag man es wohl ausgesprochen haben? Wituwa, oder Wituwa? Weich und weiblich kommt es über die Lippen und knüpft einen Faden zum modernen Wort. Ein Faden, der die Silben, die du auseinanderreißt, zusammenhält. Du zerlegst das Wort in **Wit-Weh,** und hast ein neues Wort, eine neue Beschreibung. **Wit** englisch Geist, und **weh** wie Schmerz. Schmerz des Geistes, Schmerz der Seele – ein neues Wort – neue Bilder, Bilder aus deiner Zeit erscheinen: Jackie Kennedy, Yoko Ono, sie verharren jedoch starr wie Ikonen, Witwen-Ikonen sind sie, und weisen dir nicht den Weg heraus aus deinem Schattendasein. Du suchst weiter nach Bildern und Wegen, dem **Wit-Weh** eine Gestalt zu geben. Und da taucht sie auf, aus längst vergangenen Jahrhunderten, die Glickl von Hameln, Wit-Weh mit 42 Jahren und acht Kindern. Das **Weh** wob sie ein in Worte, bannte es im Buch. Und so entstand in Deutschland im 17. Jahrhundert die erste Autobiographie einer Frau, geschrieben auf Jiddisch, und geboren aus dem Wit – und dem Weh – .

Auch du webst das **Weh** deines Mangellebens in Worte und hoffst darauf, dass Worte dich befreien mögen von der eingefrorenen Zeit, von dem »Dein-Leben-in-ein-Danach-und-ein-Davor-Einteilen«, von dem »An-einen-Abwesenden-gerichteten-Gespräch«, vom »Wie-lange-schon«, an jedem neuen achten Tag jedes neuen Monats. Suchst Worte hart wie Eisen, die eingefrorene Zeit zu zerbersten; Worte weich wie Wolle, dein Mangelleben in ein Lebenwollen zu verwandeln. Worte sind dein Geländer, sie halten und führen dich. Du vertraust dich ihnen an als Ehefrau, als Geliebte und meinetwegen auch als Witwe. Auf verwundenen Wegen wird sein An-dich-Wort kommen, und du wirst es hören, das Wort an dich. Ein Wort wie ein Schöpfungsakt.

Wirst es annehmen und, gehalten vom Wort, aufbrechen in
ein neues Gespräch mit ihm.

Dr. Eva Schulz-Jander, geboren in Deutschland, aufgewachsen in den Vereinigten Staaten. Studium der
Romanistik, Germanistik und Philosophie. Seit 30 Jahren engagiert im christlich-jüdischen Gespräch, Dozen-
tin Herausgeberin und Verfasserin mehrerer Bücher
und zahlreicher Artikel. Lebt und arbeitet in Kassel,
der Lieblingsstadt.

Anna Oldenburg

Zucker und Wind

Er sagt: »Der Wind ist kalt.«

Immer, wenn wir das Haus verlassen, sagt er: »Der Wind ist kalt.« Ich antworte nicht. Langsam schlendern wir die Straße entlang. Die Strahlen der Sommersonne fingern durch das satte, stille Grün der Bäume.

»Sieh mal da, ein Eichhörnchen!« Ich deute auf den Stamm einer Kastanie. Wir bleiben stehen. »Da, jetzt hüpft es gleich unter den Busch dort hinten.« Sein Blick verhakt sich in meinem Gesicht. »Der Wind ist kalt.«

Ich balle die Fäuste, bis sich die Haut weiß über meine Knöchel spannt. »Ja«, sage ich, spreize die Finger, bis der kleine Krampf sich löst, und streichele über den Rücken meines Vaters, »du hast recht, der Wind ist kalt.«

Zu Hause nehme ich eine Kopfschmerztablette und koche Möhrengemüse. Dazu brate ich die Frikadellen vom Vortag an.

»Dreck auf dem Boden.« Er greift zum Staubsauger, der an der Wand im Flur lehnt. Das Geräusch des Staubsaugers dröhnt durch die Wohnung, ein Tosen, das mich anspringt wie ein böses Tier. Er saugt den Flur in endlosen Achten, viele Male jeden Tag.

Ich reiße die Küchentür auf:»Hör endlich auf damit!«
»Dreck auf dem Boden.« Der Lärm übertönt seine immer gleichen Worte, die ich nicht hören will. Er drängt sich an mir vorbei in die Küche.»Dreck auf dem Boden.« Ich trete gegen den Schlitten, so fest, dass meine Zehe noch eine Weile schmerzt.

»Du bist böse«, sagt er. Seine Stimme zittert:»Böse Frau.« Er will nicht essen. Er schiebt sich mit beiden Händen weg vom Tisch. Die Stuhlbeine schrammen über das Parkett.»Ich will nach Hause.« Einen Moment fürchte ich, er könnte anfangen zu weinen oder zu schreien. Aber er murmelt nur:»Ich will nach Hause.«

»Sieh mal!« Ich streue Zucker über die Möhren. Dann nehme ich eine kleine, zerquetschte Portion auf seinen Löffel und füttere ihn. Manchmal vergisst er zu kauen.»Kauen«, sage ich immer wieder, nehme mir selbst eine halbe Frikadelle und beiße mit offenem Mund darauf herum.»So kauen.«

Er sieht mich an. Sein Blick ist leer. Die Lider hängen tief über den Augen wie nachlässig übergeworfene Lappen. In diese Augen hatte sich meine Mutter vor Jahrzehnten verliebt. Damals funkelten und lockten sie. Die Iris hatte die Farbe von Aquamarin. Damals.

»Du bist böse! Ich will nach Hause!« Er schlägt mit dem Ellenbogen gegen den vollen Löffel, zieht an der Tischdecke. Die Schüssel rutscht über die Kante. Möhrenbrei sickert mir über Bluse und Hose. Ich presse mir den Daumenballen gegen den Mund, um die Wut zu ersticken. Ich presse so lange, bis der metallische Geschmack von Blut auf meiner Zunge ist.

Ich kann es mir nicht erklären. Ich habe keine Worte dafür. Ich weiß nur, dass da plötzlich ein Gefühl in mir war, als würde mir jemand brennende Kohlen in den Hals drücken. Die Wände begannen zu schwanken und in enger werdenden Kreisen um mich zu tanzen. Und da war ein schrilles Geräusch in meinem Kopf, ein blanker Ton. Und dann lag er da vor mir auf dem Boden. Wie eine kaputte Schneiderpuppe. Er wimmerte, fein und leise. Ich bettete ein Kissen unter seinen Kopf und küsste seine Stirn.

»Verzeih mir. Verzeihst du mir? Du musst mir verzeihen!« Ich wollte weinen, laut aufschluchzen. Aber in mir waren keine Tränen, nur Entsetzen über das, was ich ihm angetan hatte. Mit zitternden Fingern drückte ich die Telefontasten und alarmierte den Rettungsdienst.

»Der Arm ist wohl gebrochen«, sagt der Sanitäter.

»Ich verstehe das nicht«, erwidere ich und meine nicht seinen Arm, sondern das, was Furchtbares in mir gewachsen ist. Ich meine den Tumor in meiner Seele.

Der Sanitäter hebt meinen Vater vorsichtig auf die Couch, versorgt seine Wunden und legt ihm mit raschen Griffen einen Verband um Arm und Schulter. »Das ist gar nicht so selten«, sagt er, »wenn alte Menschen stürzen, brechen sie sich schnell mal was.«

Ich will zustimmend nicken, aber es gelingt mir nicht. Der Sanitäter untersucht kurz den Rest des Körpers. »Und auch die blauen Flecke, das geht ratzfatz, wenn man nicht ständig aufpasst.«

»Aber ich habe aufgepasst«, sage ich leise, »all die Jahre habe ich aufgepasst.«

»Natürlich. Ich wollte sagen, dass Sie das gar nicht vermeiden können.« Der Sanitäter hebt ihn in den Rollstuhl.

»Ich habe aufgepasst«, wiederhole ich kaum hörbar. Dann packe ich ein paar Sachen zusammen. »Warten Sie, ich komme mit in die Klinik. Ohne mich kann er nicht sein.«

Anna Oldenburg, geboren 1950, lebt und schreibt in Nürnberg. Sie sammelte als Theologin und Diplom-Pädagogin viele Jahre Erfahrungen mit Menschen in Krisensituationen. Mit ihren Texten möchte sie den Verstummenden eine Stimme geben.

Suse Schröder

Regler und Lautstärken

Das geht an Euch, Ihr Schwestern und Tanten, Ihr Freund*innen und Großmütter und Kumpel*innen,
ich hatte keinen Traum, denn ich schlief den Schlaf der Erschöpftinnen
ich kappte kurz die Verbindungen, die etwas wollten
mit verknappter Konzentration und Kraftreserve unterbrach ich den Alleswollen-Alltag.
keine Aufnahmen, kein *Record*, aus Pause wurde Stopp.
Ich präpositioniere mich   vor
                              hinter
                              nach
                              an
                              zu
Hier
Sitze ich jetzt, will nur atmen und einen Tee trinken, lesen, nur ein, zwei Seiten, im Sitzen ohne Unterbrechung, sitzen, atmen und lesen, den ganzen Tee trinken, nicht nur einen Schluck! Ich will den Grund sehen.
Der Tassengrund mein Pausengrund.

Gründeln. In meinen Kopf horchen, ein, zwei Zeilen lesen, eine Seite vielleicht und sitzen, sitzen und atmen. Gerade jetzt nicht allzeit verfügbar, nicht allzeit bereit. Ich muss das üben. Ich trainiere das jetzt.

Ich stürze den letzten Schluck hinunter, spiegle mich in der Keramik, strecke mir die Zunge heraus:»Bätsch!« und stecke mir eine Mutter in die Hosentasche, damit hat mich der neue Tag, die zu vielen Stunden.

In Erschöpfung werde ich reflexiv, sensibler und zärtlich. Bei den anderen kann ich eine Warnung sprechen, habe ich einen Blick auf die Belastungsgrenzen, das Zuviel.

Bei mir selbst dauert's, bis ich feststelle:

Ich kann nicht gleichzeitig in meinen Kopf und aus Euren Mündern hören

Ich kann nicht gleichzeitig meine Aufmerksamkeit gerecht auf mehrere ständig verteilen

Ich kann nicht den Tisch decken und zur Bäckerei fahren

Spielplatzbegleitung und Fussballspielerin sein und ein warmes Essen auf den Tisch bringen

Ich kann nicht gleichzeitig in der Uni in Leipzig sitzen und die Anrufe der Kita und Schule aus Berlin entgegennehmen und die Dinge regeln

Dafür kann ich drei Jahre für 36 Stunden zum Studium fahren, davon 12 Stunden in zwei Nächten schlafen, 10 Stunden lesen, 2 – 3 Stunden schreiben, durchgängig denken und 5 Seminare besuchen. Ich kann übermüdet, satt und beschwingt nach Hause kommen, den Abwasch und die Wäsche übernehmen. Ich habe Superkräfte.

Zunehmend brauche ich Pausen.

Immer öfter will ich einfach nur atmen. Die Gedanken leise drehen. Die Aufgaben *muten*. Ich will nachts auf den Atem der anderen lauschen und im Schreiben sein, endlich den langen Text fertigstellen.

Wenn schwarze Punkte im Augenlidinneren flirren, verharre ich, atme nur.

Ich setze Teewasser auf, mich hinter die heiße Tasse. Ich will sitzen, nur sitzen und atmen und mich nach fünf Minuten im leeren Grund der Keramik spiegeln. Dann bin ich wieder bereit(er). Das *regler* ich jetzt so.

Manchmal schleiche ich mich auch aus der Wohnung. An der Tür, die Klinke schon in der Hand, ruft einer eine Frage und eine andere hat ein Bedürfnis oder einer braucht eine helfende Hand. Im Wohnungsflur findet das WG- und Familienleben statt. Ich wollte einfach los! Bei der Rückkehr schleiche ich herein, tappe auf Zehenspitzen zum Schuhregal. Als würden sie mich riechen, kommen sie angeflitzt. Zwei erzählen in Stereo, einer zieht an mir, über einen falle ich fast. Ich setze mich in die Küche. Wer etwas will, hier bin ich!

Eingepresst zwischen Ansprachen und Erwartungen liegt die Doppelbelegung, ich schwinge mit. Alles gleich wichtig. Ich telefoniere hinter geschlossener Tür, habe Bescheid gegeben, alles vorbereitet. Das *Jetzt* kommt mir dazwischen: Die Unterbrechung!

Schreib kurze Sätze.

Fass knappe Gedanken.

Wähl als Form Sequenztexte und Mosaike.

Ergänz mit beiordnenden Konjunktionen.

Setzt mich in Imperative, mit Zeitangaben auch.

Immer gibt es nicht:

vielleicht bald trotzdem doch häufiger Interjektionen: »Igitt!«

Konnektoren streiche ich aus meinem Repertoire. Es gelingt mir nicht!

Ich mache den »Muttimove«, *bemuttle* die, die reinschneien, anfragen, da sind, und die, die ich einlade.

Richt an! Richt her! Bereit vor! Schnippel Obst! Setz eine Suppe an! Einen Kaffee!

Willkommen, Besuch, auch der unerwartete! Glänz!

Ich wische mir über die Stirn, schüttle mich aus. *Abgemüdet* schiebe ich die Wiederauffüllung auf ein Später. Wann? Zum Ende der Sekundarstufe sagten wir: Schlafen können wir nach dem Abitur. Wann ist jetzt mein *Nach*? *Abgemüdet* lande ich in einer Erschöpfung, werde für länger arbeitsunfähig und möchte es bleiben. Konnektoren werden gelöscht, wenn es weniger zu tun gibt! Weniger während und obwohl, noch weniger nachdem und aber ...

Zu Hause gebe ich mich fleißig. Erledige die sichtbaren, nicht unbedingt notwendigen Aufgaben. Höre ich Stimmen, springe ich auf.

Als täte ich nichts, wenn ich schreibe und traure, wenn ich mich ausruhe und pausiere ...

Ich drehe an den Lautstärkereglern, ich *regler* das jetzt behutsamer, bedächtig.

Aber der Wille überwiegt, Dinge zu erledigen, die Liste zu bewältigen, auch wenn ich mehr Schlaf bräuchte.

Ich verstopfe mir die Ohren, um die Alltagssirenen nicht zu hören, das Telefon auf lautlos, die Klingel überhören, die Chatnachrichten ignorieren. Zwanzig Minuten. Okay? Fünfzehn? Fünf Minuten brauche ich mindestens!

Läuft's gut, dehne ich die Zeit.

Ich mach dicht, nicht gänzlich, nur stetiger.

Ich werde durchlässiger, blass!

Mein Anspruch an mich: Jeden Tag ein Satz! Bleibt er, fetzt's!

Schreib ich nur oder stimmt es sogar?

Ich löse Wörterrätsel, eines, in dem in jeder Zeile ein Buchstabe ausgetauscht werden muss, so dass am Ende das neue Wort erreicht wird. Zwischen MÜHLE und RÜDE, liegt MÜRBE und MÜDE.

Ich lege mich hin. Ich staple die Bücher neu. Ich fange den Satz an, setze ihn später fort, abends, wenn die anderen nur noch atmen, die Schwere müde wiegt.

Am Tag setze ich mich mit dem Rücken zu denen, mit denen ich hier bin. Diese Stunden werden zu meinen Stunden. Ich kämpfe weniger gegen die Stundenanzahl der Tage. Alles läuft ineinander. Nach einem Monat im Bett kann ich wieder.

Stets hätten sich alle mehr Zeit gewünscht. Diesen Wunsch setze ich nicht als Maß.

Gib dem nicht nach. Alles gelingt anders!

Ich *regler* das.

Ich kann das jetzt für euch. Nicht (nur) für mich.

Ich kann jetzt sagen: Ruh dich aus, weil ich es geübt habe.

Kann jetzt raten: Lass dich krankschreiben, weil ich es
selbst machte, um ruhen zu können.

Kann sagen: Du musst nichts müssen,

weil

Suse Schröder, geboren 1984 in Königs Wusterhausen,
studierte Kulturwissenschaften, Gender Studies,
Poesiepädagogik und Literarisches Schreiben. Sie
schreibt Erzählungen, Hörstücke, Lyrik, ist als Herausgeberin, Rezensentin und Literaturvermittlerin tätig.
Sie lebt mit ihrer Familie in einer WG in Berlin und
liebt Auberginen.

Sabine Nilles

Lukas kommt

Ich stürze mich auf den Dreck. Auf die Unordnung. Fünf
Lappen später – ertappe ich mich dabei. Wie ich mich auf
den Dreck stürze, die Ordnung wiederherstelle.
»Lukas kommt«, sagt mein Sohn. Lukas im Anzug, darüber ein Wollmantel. Korrekt. Er sieht aus wie ein tadello-
ser kleiner Erwachsener. Nicht mal Erwachsene sehen so
perfekt erwachsen aus wie Lukas. Lukas' Mutter kenne ich
kaum. Ich weiß aber, dass es bei ihr daheim so aussieht,
wie es aussehen soll. Dass es zweimal am Tag etwas Vor-
zeigbares zu essen gibt. Schnitzel mit Pommes. Braten mit
Spätzle. Immer mit Salat.

Mich bedrängt das. Es schießt mich an, dieses tadellose
Leben. Deshalb mache ich sauber, wenn der Saubermann
unter den Freunden meines Sohnes zu Besuch kommt. Und
ich nehme gleichzeitig mit Verachtung Abstand von mir.
BIN ICH BESCHEUERT? Frage ich mich, während ich die
Badewanne scheuere. Was machst du? Hast du nichts gelernt aus der Beschäftigung mit Selbstfürsorge, Frauenbe-
wegung oder mit deinen Glaubenssätzen?

Du bist wertvoll. Jetzt glänzt die Badewanne richtig toll. Ich muss nichts leisten, um angenommen zu werden. Man kennt diesen Satz, nicht wahr? Angenommen, das wäre so – diesen Gedanken kann sich doch niemand leisten. Zeigt mir DIE Schule, den Arbeitgeber, das Leben, in dem DAS gilt! Dennoch ist mir bewusst: Nichts muss perfekt sein, ich muss mich nicht an Konventionen halten, ich darf auf das hören, was gut für mich ist, was zu mir passt und wozu ich freiwillig Ja sage. Ich durchschaue Zuschreibungen in Werbungen, ich erkenne den »male gaze« und analysiere Rollenverhalten in Gesprächen anderer mühelos. Jawohl, ich sehe, wenn etwas nicht stimmt in der persönlichen Kohärenz, bei **anderen**, glasklar, wenn auf der Kartographie der Persönlichkeit die Wege nicht in die Selbstbestimmtheit und Freiheit führen, sondern in die Sackgassen der Verschrobenheit oder Angepasstheit. Und bei mir selbst fällt mir nichts auf? Doch.

Auf meiner Karte gibt es einen Riss. Er zieht sich von der Erklärung meiner Unabhängigkeit bis hin zur Bewusstlosigkeit meiner Abhängigkeit, wo im Reich der Normen eine tadellos aussehende Armee von Erwartungen die Macht übernommen hat, mit unzähligen Maßstäben bewaffnet. War meine Verteidigung so schlecht? Wo in meiner von Reflexionen geprägten Entwicklung gab es diesen kleinen Riss, der sich ausgebreitet hat, bis er meine Persönlichkeit in Wissen und Wischen spalten konnte, in Sein und Schein, in verwirrten Innenraum und geputzte Oberfläche?

Doch ist dies nur mein persönlicher Spalt?

Nein, ich glaube das nicht.

Denn trotz feministischen Bewusstseins, der Aufdeckung von Rollenklischees und deren Erwartungen machen sie doch alle halt vor diesem Spalt. Sie beugen sich, die Frauen, der Macht des Richtigen, des Sauberen, der Ordnung, bis es strahlt. Nein, Mädels, kein Grund, zurückzustrahlen! Im Grunde haben wir doch alle nur Angst, mit den Maßstäben von richtig und falsch, von »gut gemacht« oder »liederlich versagt« verprügelt zu werden. Bei uns läuft unterhalb der Entscheidungsgrenze ein heimlich installiertes Programm ab. Ein Programm mit Bild. Mit Frauenbild. Die vergilbten Frauenbilder an den Wänden von uns Frauenzimmern glotzen uns triumphierend an: Na? Doch noch nicht so frei, wie ihr dachtet? – Pah! Ich arbeite gerade an einem neuen Frauenbild. Und dann hänge ich euch alle ab!

Männer scheinen übrigens von anderen Programmen gesteuert zu werden – ich habe jedenfalls noch nie einen Mann erlebt, der anfängt zu putzen, sobald sich Besuch angekündigt hat.

Halt! Ich bin nicht einverstanden mit diesem Programm, und schon gar nicht mit einem heimlich installierten. Ich möchte es ausschalten, nicht aushalten. Lasst uns doch aufhören mit dem Blödsinn! Wer kann das leisten, zwischen den zwei wohldrapierten Sofakissen zusätzlich noch den Job und eine selbstverständlich hervorragende Kinder-

erziehung auf die Lebenslüge – Entschuldigung: Lebens-
liege – zu setzen?

Doch was braucht es, um statt Aushalten und Mithalten
eine Haltung zu entwickeln, eine Haltung zur Erwartung
an sich selbst, eine Ungehaltenheit den Konventionen gegenüber?

Vielleicht beginne ich mit der Entwertung von Erwartung.
Selbst nichts erwarten, dann wartet auch keine Erwartung
auf mich, oder? Aber wenn ich vom Anderen nichts mehr
wollen darf, brauche ich kein Gegenüber und auch kein
Miteinander.

Ich fange bei mir an: Was will ich von mir selbst? Ich
denke daran, was mich nachdenken, fühlen, lachen, heu-
len, ausflippen, begeistert und ärgerlich sein lässt. Es ist
niemals der aufgeräumte Raum, sondern stets ein aufge-
räumter Mensch oder auch ein trauriger oder ein nach-
denklicher ... Die menschliche Unordnung bringt mich
zum Reden, Wünschen und Träumen. Ich fange an zu wünschen, statt zu wollen. Und nehme den Fokus vom Sollen
auf die befreiende Möglichkeit der Hingabe. Ich denke an
meine Werte von A-Z. Authentizität bis Zugewandtheit. So
ein Werte-ABC hat vermutlich jeder, vielleicht auch ohne
Worte dafür zu haben. Lasst das lebendig werden!

Ich wünsche mir, dass das Interesse am Innenraum anderer wichtiger wird als das aufgeräumte Außen, dass wir den
Mut haben, echt statt recht zu sein. – Ich hätte ein Gespräch

mit meinem Sohn beginnen können, statt zu putzen. Mit dem Fokus auf Ich und Du. Vielleicht lasse ich das nächste Mal mutig einfach alles so, wie es ist. Das wäre doch ehrlich. Lukas wird mich noch kennenlernen. Ich möchte sehen, wer du bist. Und ich zeige mich, wie ich bin. Wenn auch momentan noch mit dem Wischmop in der Hand.

Sabine Nilles, geboren 1971 in Salzburg, war nach dem Studium der Theaterwissenschaft in Häusern wie dem Badischen Staatstheater Karlsruhe und dem Staatstheater Augsburg als Dramaturgin tätig. Mit sechs Kindern geht allerdings inzwischen das Lustspiel zu Hause weiter.

Bushra Kanafani

Die unerträgliche Schwere Tausender begrabener Träume

Ich lege meinen Kopf auf das Kissen und ignoriere die aufsteigende Schwere, die sich darunter befindet. Ich weiß nicht mehr, wann ich angefangen habe, sie dort zu verstecken, aber ich habe bemerkt, dass sich darunter ein Loch gebildet hat, das mir das Einschlafen erschwert. Nichts kann das Gewicht der unerträglichen Schwere von Tausenden von begrabenen Träumen tragen. Nichts außer mir. Tochter meiner Mutter. Es ist derselbe Fluch, der sich im selben Kreislauf wiederholt, der sich mit jedem neuen kleinen Mädchen in der Familie wiederholt. Er muss weitergegeben werden. Der Kummer und die Scham, eine Frau zu sein, werden der Tochter durch die Nabelschnur eingeimpft, damit sie weiß, was sie erwartet, sobald sie sich der gnadenlosen Welt stellt. Und so wie ein Mensch nie ohne Seele geboren wird, wird auch eine Tochter nie ohne Schuldgefühle geboren. Die Schuld der Tochter. Für all die Dinge, die sie ist, und all die Dinge, die sie nicht ist, und all die Dinge, die sie sein könnte, und all die Dinge, die sie haben will; alles, was sie nie bekommen wird. Alles, was ihre Mutter vor ihr nicht bekommen konnte. Die

Schuld ist also in jede einzelne Zelle ihres Körpers einge-
bettet, in ihre Knochen sind all die Dinge eingraviert, die
ihre Mutter nicht sein konnte. Die Schuld fließt in ihrem
Blut. Die Verachtung, die stille Wut, die Rigorosität ihres
Seins; verflochten seit der Geburt, durch alles, was von der
Mutter an die Tochter weitergegeben wird, die zerbroche-
nen Illusionen, die verblassten Träume, der bleiche Körper,
die müden Hände und ihre vorsichtige Haltung gegenüber
dem Leben; all das hat sie von ihrer Mutter geerbt. Und
das Bedauern. Das Bedauern darüber, dass ihr die Dinge
entglitten sind, dass sie einem häuslichen Leben erlegen
ist. Aber das ist etwas, was die Tochter erst später in ihrem
Leben nachempfinden können wird.

Meine Mutter tauschte ihren Ehrgeiz ein, um die Vision
ihrer Mutter zu erfüllen, so wie ihre Mutter ihren Ehrgeiz
eintauschte, um die Vision ihrer Mutter zu erfüllen, so wie
alle Frauen, die vor meiner Mutter und mir kamen, ihre
stillen Gebete und Tränen vergraben haben, um die Vision
einer verkommenen Gesellschaft zu erfüllen: den Wunsch
eines Mannes nach Bequemlichkeit zu erfüllen, und zwar
auf jedermanns Kosten außer auf seine eigenen.

Kleine Mädchen, die mit der Vorstellung infiziert sind,
dass ihr Wert nur dadurch bestimmt werden sollte, wie be-
gehrenswert sie in den Augen eines Mannes sein können.
Ihre kleinen Ohren sind es gewohnt, vorwurfsvolle Kom-
mentare über ihr Verhalten zu hören, Vorwürfe, weil sie
zu laut sind, Vorwürfe, weil sie zu offen sind, Vorwürfe,
weil sie zu fröhlich sind, Vorwürfe, weil sie zu viel von sich

preisgeben, Vorwürfe, weil sie ein Kind sind. Denn ein Mädchen ist nie nur ein Mädchen, nie nur ein Kind! Nein, es ist bereits die Verkörperung von etwas, das es noch nicht ist, die Verkörperung von dem Einzigen, wozu ein Mädchen bestimmt sein könnte, wozu sie verdammt ist: die Frau von jemandem zu werden. Ein ganzes Mädchenalter, definiert durch das Potenzial, einem Mann zu Diensten zu sein.

Einmal hörte ich den Satz: »Achte darauf, dass deine Tochter nicht auf diese oder jene Weise sitzt, das könnte ihre Fortpflanzungsorgane beeinträchtigen! Wer würde sie schon haben wollen, wenn sie unfruchtbar wird?«, und das Mädchen ist kaum zwei Jahre alt. Schon jetzt haben wir Angst vor Verhaltensweisen, die dazu führen könnten, dass das kleine Mädchen später für einen Mann unzulänglich ist; dass sie ihre vorgegebene Rolle und Aufgabe als Frau nicht erfüllen kann. Mit jedem Jahr, das zu ihrer Lebenszeit hinzukommt, wird ein weiterer Aspekt kontrolliert, gepflegt und in die richtigen Bahnen gelenkt, damit sie sich so entwickelt, dass ein Mann sie begehren kann. Im Laufe der Jahre wird der Körper zu einer Sache, die mit allen Mitteln gewaltsam geformt werden muss, damit er bewundert werden kann. Der Körper des Mädchens ist nicht mehr etwas, das sie am Leben erhält, sondern etwas, wogegen sie einen Krieg führen muss, um bestimmte kranke Normen zu erfüllen, um als »wertvoll« zu gelten; um als Mensch zu gelten. Denn es scheint viel akzeptabler zu sein, einen kranken Körper zu haben, solange er »attraktiv genug« zu sein scheint, als einen Körper zu haben, der der Wunschvorstellung eines Mannes widerspricht.

Es ist nur normal, dass ihre Existenz nun eine negative Konnotation hat, es ist nur normal, dass sie beginnt, dem Leben nachzutrauern, das sie nie führen wird, der Zukunft, die sie aufgeben muss, damit ihre Existenz als sinnvoll oder respektvoll bewertet wird; damit sie als angemessen, als eine »anständige Frau« angesehen werden kann, um den verurteilenden Blicken der Gesellschaft, ihren grausamen Worten und rücksichtslosen Erwartungen zu entfliehen.

Sie nimmt all ihre unerfüllten Visionen und vergräbt sie unter ihrem Kissen, in ihrem Inneren nimmt eine Leere den Platz der losgelassenen Träume ein. Sie opfert ihren schönen Geist, opfert alles, was sie hätte sein können, um ein häusliches Leben zu führen. Jede Opferung zieht die nächste nach sich, bis ihr nichts mehr bleibt, bis sie alles aufgegeben hat, was in ihrer Macht steht, und doch scheint es nicht genug zu sein.

Selbst in den Erinnerungen an ihre verlorenen Träume findet sie keinen Trost mehr, sie hat diese gut unter ihrem Kissen versteckt, und sie sind durch den Untergrund der Welt gereist, um sie zu verfolgen. Begraben in den Tiefen des trockenen Ostens, und doch sah sie deren Phantome in den Ländern des Westens herumschleichen. Fast wie ein Trugbild mitten in der Wüste, sichtbar genug, um den verzweifelten Keim der Hoffnung in ihr Herz zu pflanzen, und doch zu nüchtern, um in einer betrunkenen Welt ihre Hoffnungen am Boden zu halten, angebunden an die rissige

Fassade der Realität, eine ständige Erinnerung daran, warum sie diese Träume überhaupt begraben hat. Sie trauert um das, was sie nie hatte.

Voller Trauer, die sie nicht bewältigen kann, mit der sie nichts anzufangen weiß und von der sie niemandem erzählen kann, gibt sie diese Trauer an ihre Tochter weiter, und so wiederholt sich der Kreislauf.

Er wiederholt sich, denn wenn man es nicht besser weiß, kann man nicht anders handeln.

Ich kann den Frauen, die vor mir kamen, nicht vorwerfen, dass sie den Kreislauf nicht durchbrechen konnten. Ich kann sie nicht dafür verantwortlich machen, dass sie ihre Träume begraben mussten. Ich kann ihnen nicht vorwerfen, dass sie es nicht besser wussten, als das alles an die nächste Tochter weiterzugeben.

Ich kann nur ihre Trauer in mir weitertragen. Ich kann ihre unerfüllten Träume nur ehren, indem ich mir ihrer Existenz bewusst bin. Ich ehre sie, indem auch ich diese Träume unter meinem Kissen versteckt halte.

Ich kann nur hoffen, dass ich nicht an denselben Punkt komme, an dem auch ich gezwungen bin, meine eigenen Träume zu begraben. Trotz alledem, was mir vererbt wurde, trotz des Krieges, den ich mit meinem Körper führe, den auch alle Frauen vor mir geführt haben, kann ich ihre begrabenen Träume ehren, indem ich die Chance anerkenne, die ich habe, eine Chance, auf die sie nicht zu hoffen wagten.

Doch wenn ich wählen könnte zwischen der Möglichkeit,

endlich mit mir und meinem Körper im Reinen zu sein, und der Möglichkeit, meiner Mutter das Leben zu geben, das sie sich gewünscht hatte, das Leben, das sie verdient hat, würde ich meiner Mutter, ohne zu zögern, eine weitere Chance auf ein eigenes Leben geben.

Bushra Kanafani, geboren 2005 in Abu Dhabi und 2017 nach Deutschland migriert, besucht derzeit die 13. Klasse und strebt ihr Abitur an der Jacob-Grimm-Schule in Kassel an. Bereits als kleines Kind fand sie ihren Trost in der Literatur, durch welche sie lernte, ihre Stimme so zum Ausdruck zu bringen.

Freya Baur

Die Lücke

»Oh«, und dann Pause.

Es ist dieses kurze »Oh«, gefolgt von einer zu langen Pause – eigentlich ist sie nicht lang, aber länger als das normale Einatmen in einem Gespräch, länger als Luftholen und Weitersprechen. Es sind zwei Buchstaben und eine Pause, die das lebenslange Outing begleiten.

Outing stellt man sich irgendwie groß vor, irgendwie bedeutungsschwer, etwas Identitäres, das dann für immer den Blick des Gegenübers verändert, vielleicht schärft, ein »So bist du wirklich«-Moment. Als ich 16 war oder auch noch Anfang 20, da hat Outing so funktioniert, da war es noch »ein Ding«, und die Reaktionen, die mein bisexuelles Ich erntete, waren genau richtig für Netflix-Serien oder Coming-of-Age-Romane.

Mittlerweile bin ich erwachsen und habe feste Rollen, aus denen heraus ich Menschen kennenlerne: ich bin Ehefrau, Lehrerin und Mutter, ich bin Ehrenamtliche im Elternverein und Ratsuchende in der Service Hotline, unzufriedene Kundin oder besorgte Patientin – und dann oute ich mich, meist so ganz nebenbei, denn meine Schüler*innen fragen

122

manchmal, ob ich mit einem Lehrer verheiratet sei, andere Eltern wollen wissen, ob der Papa auch zum Sommerfest kommt, Entscheidungen könne ich ja noch einmal mit meinem Ehemann besprechen, so der Gasanbieter. Meine Frau ist Krankenschwester, holt die Kinder häufiger aus der Kita ab als ich und interessiert sich nicht für Energieversorger oder Internetgeschwindigkeit.

»Oh.« Pause.

»Oh«, Pause, »ach so!«

»Oh«, Pause, »das ist ja ... cool.«

»Oh«, Pause, »das hätte ich nicht gedacht.«

Es ist dieses kurze Zögern, dieser Moment, in dem die Welt kurz neu sortiert werden muss, wie bei Angela Merkel, 2017, auf die Frage: »Wann darf ich meinen Freund endlich Ehemann nennen?« Ihr Zögern ging damals im Applaus für die Frage unter, aber es war deutlich zu sehen, das »Oh«, das später zu einem »Nein« wurde – doch es machte nichts, die Politik wandelte meinen Partner*innenschaftsring in einen Ehering um, und wir fühlten uns als Paar auf dem Gipfel der Gleichberechtigung.

Eigentlich läuft das ja bei allen irgendwie gleich: Man beschließt zu heiraten, und dann fängt man an, sehr viele Entscheidungen zu treffen und sehr viel Geld für diese Entscheidungen zu bezahlen, steht ja schließlich überall »Wedding« drauf und das kostet – der Kommerz ist hier ganz klar für Gleichheit. Auf dem Hoch der ersten Euphorie begibt man sich dann in ein deutsches Verwaltungsgebäude, dunkle Flure, es riecht muffig nach zu oft gewischten Böden, die Fenster gehen von den Büros ab, deren Türen immer nur kurz geöffnet werden, alles ist dunkelgrün und anthrazit, aber man sieht das alles nicht wirklich, denn man ist verliebt und will die Eheschließung anmelden.

In der Vitrine vor der Tür der Standesbeamtin suchten wir uns 2018 ein Stammbuch aus, roter Samt in DIN A5 mit goldenem Stadtwappen, denn wenn wir jetzt schon heiraten durften, dann wollten wir auch den ganzen Kitsch. Wir füllten Dokumente aus und legten fest, dass meine Frau Ehegatte 1 sein würde – bei Hetero-Paaren ist ja klar, dass der Mann die Hosen anhat und deswegen oben steht und als Erster gefragt wird und als Erster unterschreibt, bei zwei Frauen fragt man vorsichtshalber mal nach: »Wer von Ihnen beiden ist denn ...(Räuspern) das Familienoberhaupt?«. So banale Ordnungselemente wie Alter oder Alphabet hatten ihren Weg nicht durch die anthrazitgrünen Flure gefunden. Meine Frau war also Ehegatte 1, und wir wollten das Stammbuch in Rot.

»Oh«, Pause, »das geht leider nicht. Die Dokumente für die gleichgeschlechtliche Eheschließung liegen nur in DIN A4 vor. Ich kann Ihnen dieses Stammbuch anbieten.« Es war beige. Und auf dem Einband war ein Herz aus zahnstochergroßen Holzstäbchen. Aber es war in DIN A4.

11 071[1] Mal heirateten 2018 zwei Frauen als »Ehegatte 1 und Ehegatte 2« in DIN A4, während »Ehemann und Ehefrau« 449 466[2] Mal die Wahl hatten. Wahrscheinlich liegt es an den vier Zeichen, die diese beiden Ehen trennen, dass 11 071 Mal 312,5 Quadratzentimeter mehr Platz be-

nötigt werden, insgesamt 3 459 687,5 Quadratzentimeter, 345 Quadratmeter, rund zehn wirklich großzügig geschnittene Wohnzimmer mit offener Küche, so groß ist die Lücke, »aber schauen Sie, hier haben Sie gleich den Vordruck für die kirchliche Trauung«.

Die, wie der Pastor uns erklärte, nicht Trauung, sondern »Segnung« zu nennen war. Auch er hatte eine Pause gebraucht nach seinem »Oh«, und diese Pause hatte etwas über vierzehn Tage gedauert, bevor er uns zu sich ins Pfarrbüro einlud und über seine Vorstellungen von Ehe sprach und wir über unsere Vorstellung von »Gleichheit vor Gott« und am Ende fand ein sehr schöner Gottesdienst statt, über den hinweg er ganz vergaß, das Wort »Trauung« durchzustreichen.

Wir lebten den Traum einer heteronormativen Gesellschaft: im Juli heirateten wir, Standesamt, Polterabend, Kirche, Flitterwochen mit neuen Reisepässen und einem geänderten Namen, und im Oktober kündigte sich Nachwuchs an. Im Geburtsvorbereitungskurs saßen wir auf Yogamatten zwischen sieben weiteren Paaren. Wir marschierten wie eine 6. Klasse am Wandertag durch Krankenhausflure, machten »Aha« und »Hm« vor den Geburtswannen und Gebärhockern und »Oh« und »Uh« aus dem Bauch heraus. Und dann kam jeden Mittwoch wieder dieser Moment: »Jetzt nehmen sich alle Papas ... und Freya ... einen Massageball und massieren den Mamas den unteren Rücken.« Damals fühlte ich mich zurückgesetzt – ich war kein Papa und auch keine Mama und saß da, identitätslos mit einem

Igelball in der Hand – aber heute weiß ich: besser hätte die Hebamme uns nicht auf unser Familienleben vorbereiten können, denn während alle den Partnerzuschuss – ich hätte hier gern gegendert – beantragten, zahlte ich meinen Anteil selbst, Zuschuss nur für »Angehörige«, befand die Krankenkasse.

Normalerweise hört man an dieser Stelle – besonders von Gebärenden – wie am Ende alles egal wird, wenn man in die Augen seines Kindes blickt, wie das Universum vor einem liegt und Anstrengung und Schmerz und all die unbequemen Nächte auf vorsorglich gekauften Stillschlangen vergessen sind, aber die deutsche Bürokratie vergisst nicht. Sie weiß, es muss einen Vater geben und der muss aufgeschrieben werden, die Vaterschaft anerkennen, wenn er nicht der Ehepartner ist, aber er darf nicht vergessen werden, und so blätterte im Kreißsaal eine engagierte Hebamme, deren Sportmops denselben Namen wie das Kind trug, das vor wenigen Minuten sehr skeptisch den ersten Blick in unsere Augen gewagt hatte, durch das Stammbuch, das auf dem Weg hierher einen Zahnstocher eingebüßt hatte, und fragte: »Und die Geburtsurkunde des Vaters?« »Die haben wir nicht.« »Oh«, Pause. Sie blätterte noch einmal, überschlug meine Geburtsurkunde, die Eheurkunde, den kirchlichen Segnungs-Trauschein, Pause, blätterte noch einmal, nahm dann die Geburtsurkunde meiner Frau, damit wir im Tausch gegen 25 € zwei zurückbekommen konnten. Aus dem zögerlichen »Oh« wurde eine Lücke auf der Geburtsurkunde unseres Kindes, Vater unbekannt – und

Pause

jetzt kommt unser Geheimnis: der Vater ist nicht unbekannt, er ist nur kein Teil unserer Familie. Ich hingegen bin bekannt, besonders wenn es darum geht, mein Gehalt in die Berechnung der Kitagebühren einzubeziehen, aber für mich gibt es keine Lücke im Dokument. Und jedes Mal, wenn wir fragen, ob ich nun rechtlich bekannt bin – ich kann mit einer Vollmacht einen Reisepass für das Kind beantragen, ihn aber nicht abholen, ich kann mit ihm zur U-Untersuchung gehen, aber es nicht impfen lassen – kommt sie wieder, diese Pause: »Oh.«

»Oh, das muss ich noch einmal nachschauen.«

»Oh, den Fall hatten wir noch nicht.«

»Oh, ich weiß gar nicht, wie die Gesetzeslage da ist.«

In die vielen »Ohs« und Pausen hinein haben wir ein zweites Kind bekommen, diesmal war ich die Gebärende und gemeinsam haben die zwei Kinder mit den drei Elternteilen eine ganze Geburtsurkunde – so einfach kann Mathe sein, wenn man eine Regenbogenfamilie ist. Rechtlich kann eine Regenbogenfamilie zu einer Familie werden, wenn die Eltern das richtige Alter haben, wenn ausreichend Geld auf dem Konto und die Wohnung groß genug ist, wenn alle Voraussetzungen erfüllt sind und ein Notar alles beurkundet und das Gericht zustimmt und sich alle einig sind – so wie sie es ja schon längst waren, als das Kind entstand.

Was ich Ihnen am Anfang verschwiegen habe, ist, wie es nach dem »Oh« weitergeht. Es folgt eine Pause und dann lange Zeit nichts. Das Leben geht so seinen Gang, irgendwie lassen sich mit viel Geduld immer alle Papiere besorgen, alle Unsicherheiten klären und plötzlich vergisst man, dass wir zwei Frauen sind. Zum Kitafest bringen wir glutenfreies Bananenbrot mit – und das liegt an meiner Glutenunverträglichkeit und nicht an meiner Queerness. Wir fahren im Sommerurlaub an die Orte, an die alle fahren, und wenn nicht, dann weil wir Neues entdecken wollen und nicht weil wir queer sind. Unsere Steuererklärung machen wir auf den letzten Drücker, und unsere Mülltonnen stehen auch mal einen Tag zu lang an der Straße, bevor wir sie zurück in den Hof schieben, wir vermeiden Plastik, und fahren dafür ab und zu mit dem Auto, unsere Fahrradreifen könnten mal wieder aufgepumpt werden und manchmal sind wir morgens spät dran, ich gebe zu viel Geld für Klamotten aus, meine Frau dafür umso weniger, manchmal streiten wir uns um Nichtigkeiten, und in der letzten Woche haben wir viermal Nudeln zum Abendbrot gegessen, weil die Kinder die so gern mögen – und nicht weil wir queer sind.

Während nach dem »Oh«, in der Pause, also die Welt neu strukturiert werden soll, neue Formulare und neue Gesetze und neue Familienkonzepte gefunden werden sollen, sind wir mittendrin in einem Alltag, in dem sich alles so gleich und so alt wie die Zeit anfühlt, und warten eigentlich nur darauf, dass die Lücke nach dem »Oh« endlich gefüllt wird mit der Realität für alle.

Freya Baur, geboren 1991 in Bremerhaven, promovierte in Französischer Literaturwissenschaft und hat als Mutter, Lehrerin und Autorin vielfältige Zugänge zur Welt der Wörter.

1 Siehe https://www.destatis.de/DE/Presse/Presse mitteilungen/Zahl-der-Woche/2022/PD22_27_p002.html (aufgerufen am 27. 10. 2024).
2 Siehe https://de.statista.com/statistik/daten/studie/227/ umfrage/anzahl-der-eheschliessungen-in-deutschland/ (aufgerufen am 27. 10,2024).

Hannah-Sofie Schäfer

Die Haut, die sich so seltsam emporwölbt

Diese Erhebungen machten mir Angst. Diese Wulst, die sich unter meiner Haut emporwölbte, ohne mir zu zeigen, was sie war. Oder wer.

Als Kind mit stetigem Übergewicht war es einfacher. Den Körper im Halbprofil zum Spiegel gedreht, eine Silhouette aus Haar, Stirn – Wulst, Nasen – Wulst, Mund, Kinnpartie, Hals, Brust – Wulst und dort unterhalb des Brustansatzes, wo bei jedem normalfotografierten Menschen die Rippen folgen – die vom Training kaltgelassenen Berge, die vom täglichen Sit-Up-Marathon sich stemmenden Höhen, die man kneifen, zerren, korsettieren, aber nicht einziehen kann. Oder abschneiden. Ihr bleibt.

Mit elf, als alle anderen noch klein und schmal und zierlich von gleichaltrigen Klassenkameraden über den Schulhof geworfen wurden, gedreht und gewendet und zur Klassensprecherin gewählt wurden, da trug ich zerrissene Jeans und Kapuzenpullover, ich sah ihnen zu.

Früh setzt es an, dieses Ich und die Anderen. Früh grub ich es ein, in den Bauch, und der Gedanke schlug Wurzeln. Im Magen. Er wuchs die Speiseröhre hinauf.

Heute wächst eine andere Pflanze in meinem Bauch. Egal, wie ich gerade liege, die Beine auf einem Kissen hochgelagert, den Kopf nach links gedreht oder nach rechts, die Säure bahnt sich ihren Weg.

Heute stehe ich wieder im Halbprofil vor einem anderen Spiegel. Verfolge den feinen, sich verdunkelnden Streifen, vom Schambein aus wachsend. Dort, wo sich die Bauchmuskeln für die nächsten Monate voneinander verabschieden werden, hinauf zu den blau durchzogenen Brüsten, die sich nach vorne drücken, ermattet von ihrem neuen Eigengewicht.

Seit 29 Jahren trage ich diese transparente Haut. Besonders zart in den Jahren, als mein kalter Körper die Nahrungsaufnahme verweigert hatte, doch heute formt sich mein durchblutetes Gewebe von selbst. Es entzieht sich meiner Kontrolle. Es steht einfach ab. Es ist warm.

Heute muss ich beim Frauenarzt zuerst auf die Waage, dann in die Blutdruckschlaufe, an den Eisenpieckser und in den labbrigen Wanderstrumpf ans CTG.

Früher musste ich täglich auf die Waage, um zu überprüfen, ob der BMI an der untersten Grenze angelangt oder das festgelegte Zunahmeziel erreicht war. Das Maßband legte ich täglich um meine Körperteile, um zu überprüfen, dass ich wenig bleibe. In einer Hoffnung stieg ich mehrmals täglich auf das Messinstrument und bettelte, dass die Zahlen mit jedem Kleidungsstück, mit jedem Urinablassen, mit jeder sportlichen Aktivität, mit jedem bulimischen Anfall niedriger würden.

Heute minimiert sich das Vermessen auf die Laboruntersuchungen und die Einträge in den Mutterpass. Die Gewichtskurve auf Hipp.de und die Pampers-Kiloverlaufstabelle im Augenwinkel lieg ich im oberen Graubereich. Das ist ok, sage ich mir, während ich rechne und das Gewicht meiner Schuhe schon wieder abziehe und lese, dass eine wöchentliche Gewichtszunahme von 0,2 kg normal sei und ich bei 0,7 kg pro Woche bin und das ist mehr.

»Das ist ungesund«, denke ich. »Ich muss jetzt Muttizeug machen. Mit anderen Bäuchen. Wölbungen, die sich bewegen, im Wasser, im Yogastudio, beim Spazieren. Wülsten, in denen das Gleiche ist, wie in dir. Oder mehr oder weniger.«

Ich muss weitergoogeln und halte inne. Werde still, sehe auf, auf dieser lackierten Holzbank im Einkaufscenter, auf dem Heimweg von der Frauenarztpraxis, als ich für einen Moment in alte Muster gefallen bin. Und ich lüfte die Jacke. Und ich verabschiede mich vom Bildschirm. Ich atme, trinke einen Schluck Wasser. Der Akku ist leer. Das Handy vibriert. Der Bildschirm ist schwarz.

Du trägst keine Schuld. Ich will, dass du kommst. Ich will, dass du bleibst. Wenn ich weine, weine ich nicht um dich. Ich weine um das, was der Umstand mit mir macht. Weil ich mich vor dem fürchte, was mein Körper mit mir macht.

Die Recherchen von Laptop zu Handy in Stadt, Auto und Wohnung hatten nicht nur anorektische Muster hervorgeholt. Auch meine hypochondrischen Züge nährten sich von den Informationen der eigentlich unschuldigen Seiten. Ich fühle mich schuldig. Ich genieße diese Zeit nicht, nicht so wie die anderen, die ihre Kugeln stolz auf Instagram präsentieren. Doch die Wahrheit ist, es ist keine erfüllte Zeit. Sie beginnt mit dem unfreiwilligen Arbeitsausfall durch Scheingrippe, die sich dann als 40-wöchiges Beschäftigungsverbot herausstellte. Ich kann meinen Ansprüchen nicht mehr genügen. Doch ob ich das wirklich will, was ich von mir fordere?

Die Präsenz im Job. Die Präsenz im Netz. Die Präsenz auf kulturellen Veranstaltungen. Auf Partys. Mal hier und dann dort?

»Gehst du noch arbeiten?«»Du gehst doch nicht arbeiten?«»Geh doch, wie es für dich richtig ist.«»Ich konnte arbeiten.«»Es war erfüllend, ihn dabei zu haben. Er nahm mir jede Angst. Durch ihn war ich frei. Ich war entspannt.«, sagen die Münder auf unserem Weg.

»Du musst die Zeit genießen. Was hast du gegessen? Hast du Gelüste? Wie, du trinkst Kaffee? Das darfst du nicht trinken. Du darfst das nicht essen. Du darfst das nicht machen. Wolltest du es nicht ruhiger angehen lassen? Rausgehen solltest du schon. Pass auf, dass du nicht vereinsamst. Mach nur, was dir Freude bereitet. Hast du es deinen Leuten schon erzählt? Hast du Fotos gemacht? Hast du Fotos geteilt? Die Zeit geht so schnell vorbei. Habt ihr schon einen Arbeitstitel? Das ist der Name? Sicher? Ernsthaft? Jetzt ernsthaft?! Und ... Heiratet ihr? Ihr heiratet doch. Heiratet noch dieses Jahr wegen der Steuer. Wie wollt ihr heißen? Sicher? Ernsthaft. Jetzt ernsthaft?«

Und dazwischen, ohne die Gedanken auf meine Ideen zu

richten, wankele ich zwischen Toilette und Couch, und ich versinke, verzweifle zwischen allen Positionen und rücke immer weiter zurück.

Es ist eine ideale Gerade, die perfekte Schwangerschaft heißt.

Schon wieder erliege ich dem Glauben, es gäbe dieses Ideal, dem ich entsprechen müsse. Ich scrolle durch Instagramaccounts von Bekannten und anderen Gesichtern. Ihre aktuellen Aktivitäten: alkoholgetränkte Wangen, gefüllte Einkaufswägen, Hände auf Photoshopbäuchen, umschlungen von Seidentüchern. Wind. Nebelmaschine. Etsy. de. Harmonie.

Es ist diese Aggression, die sich schon wieder ihren Weg bahnt und alles Schöne verschlingt.

Du trägst keine Schuld. Ich will, dass du kommst. Ich will, dass du bleibst. Wenn ich weine, weine ich nicht um dich. Ich weine um das, was der Umstand mit mir macht. Weil ich mich vor dem fürchte, was mein Körper mit mir macht. Ich fürchte mich vor diesem Loch, in das mich meine Stimmen von außen ziehen und die nichts mit dir zu tun haben.

Deshalb hebe ich den Blick wieder nach oben, weg von der Wulst hin zu der Haut, diesem Bauch, in dem du schon strampelst und lebst und mir mit jedem Tritt in den Magen sagst, dass diese Magensäure kein Muster früherer Krankheit ist, sondern ein Zeichen deiner Kommunikation.

Deshalb öffne ich den Mund und spreche mit meinem Partner. Ich rufe meine Hebamme an. Ich bin ehrlich. Was hier steht, wissen sie und noch viele mehr. Denn es ist nicht immer ideal, aber diese Gefühle sind da, und bevor sie dich zurückziehen, in das, was du mit jedem Tag ein Stück mehr überwindest, tritt einen Schritt zurück. Beginne das Tasten, das Sehen, das Denken.

Hannah-Sofie Schäfer, geboren 1995 in Neunkirchen (Saar) ist Lehrerin für Bildende Kunst, Deutsch und Darstellendes Spiel. Sie performt und schreibt Texte über die Selbstermächtigung des eigenen Körpers.

Antonia Prasser

Wochenbettvorbereitungskurs

Wir alle wissen: Es gibt viele Themen, die selbstbewusst in die »Frauenkram«-Ecke gedrängt und dort wahlweise belächelt, beschämt oder beschwiegen werden. Ein Thema, bei dem dies besonders absurd ist: Geburt. Mal ehrlich – niemand von uns kann leugnen, dass er damit mal zu tun hatte! Wir feiern jedes Jahr den Tag, an dem wir geboren wurden; und jedes Mal, wenn ein Baby das Licht der Welt erblickt, waren da irgendwie mehrere Menschen involviert. Ohne Geburt GÄBE ES UNS ALLE NICHT – es ist also definitiv kein »Frauenkram«, sondern geht uns alle an. Und genau deswegen schauen wir uns einen Aspekt von Geburt, der im öffentlichen Diskurs leider oft nicht mitgedacht wird, jetzt einmal genauer an.

Wenn man ein Kind erwartet, ist es heutzutage selbstverständlich, einen Geburtsvorbereitungskurs zu besuchen. Gute Sache! Eine Geburt ist ein ziemlich krasser Scheiß, und wenn es die Möglichkeit gibt, sich in irgendeiner Form darauf vorzubereiten – go for it! Ist dieses Kapitel geschafft, folgt das Wochenbett. *Wo-*

chen ... lang ... Bett ... – Klingt verlockend, oder? Die meisten Leute assoziieren mit diesen sechs bis acht Wochen nach der Geburt, in denen man in das Leben als Familie startet, folgendes Bild: Man verbringt viel Zeit im Liegen und kuschelt, weil 1. das Baby in Ruhe ankommen soll auf der Welt und 2. die Mutter sich erholen soll. Schön und gut und irgendwie auch richtig – aber leider sehr unterkomplex. Das Wochenbett ist in vielen Fällen nämlich ähnlich wie die Geburt: krasser Scheiß. Eine Freundin von mir meinte danach komplett irritiert: »Warum zur Hölle macht man einen Geburtsvorbereitungskurs? Ein Wochenbettvorbereitungskurs wäre so viel wichtiger!« Und da ich nun schon zwei Mal die Freude hatte, ein Wochenbett zu erleben: here we go. Ein Crashkurs zur Wochenbettvorbereitung, der keine Tipps für Stillen und Rückbildung bereithält – ich bin keine Hebamme –, aber dafür Insiderwissen, das viele Frauen betrifft und trotzdem feierlich beschwiegen wird.

Die Wochenbett-Zeit ist ein sehr körperliches Unterfangen. Darum werde ich der Einfachheit halber einmal von Kopf bis Fuß vorstellen, was in der Zeit nach der Geburt so abgehen *kann*.

Kopf: Wie gesagt, das Wochenbett ist sehr körperlich. Der Kopf macht nicht viel – verliebte Äuglein schielen Richtung Baby, die Stimme probiert sich in höchsten Tonlagen und die Erinnerungen an die Geburt werden (wenn man Glück hat) in zartes Rosa gehüllt. Ansonsten hat der Kopf nicht viel zu tun, die Energie wird anderswo gebraucht: Hals abwärts.

Brüste: Wo wir auch schon bei den Brüsten wären. Und was hier abgeht, ist absolut bemerkenswert. Dass das Wochenbett für viele Frauen den Start in die Stillbeziehung bedeutet, haben die meisten Leute noch auf dem Schirm. Aber was das WIRKLICH bedeuten kann, wissen viele nicht. Während in den ersten Tagen nach der Geburt das sogenannte Kolostrum, die Vormilch, aus den Brüsten kommt und das Baby nährt, laufen die Vorbereitungen für den sogenannten Milcheinschuss. Klingt ein bisschen brutal? Ist es auch! Natürlich gibt es hier eine ziemliche Varianz an Munition, und darauf vorbereitet zu sein, tut gut: zu wenig Milch, zu viel Milch, genau die richtige Menge? Alles möglich. In meinem Fall wurden die Brüste über Nacht zu Kanonenkugeln aus Beton: steinhart und tonnenschwer. Ich übertreibe nicht. Wäre die Entwicklung nicht begleitet gewesen von 40 Grad Fieber und Schüttelfrost, wäre ich im knappen roten Badeanzug eine Runde durch die Freiburger Bächle geschwommen. So hieß es: alles tun, damit es zu keiner Brustentzündung kommt. Baby immer wieder anlegen (was sich an einer Betonkugel eher schwierig gestaltet), Milch ausstreichen, Quarkwickel, Kohlblätter auflegen (mindestens so sexy wie der rote Badeanzug), Akupunktur, Ibuprofen ... Darauf klarkommen, dass aus meinem Körper plötzlich und ohne Anlass in alle Richtungen Milch spritzt?! Was es an Stress bedeutet, wenn die Brüste erst einmal nicht genug Milch produzieren oder man aus anderen Gründen Flaschennahrung füttert, die dann z. B. immer perfekt temperiert werden muss, kann man sich ausmalen. Im besten Falle reguliert sich die Milchbildung irgendwann von selbst, wir kennen das Prinzip von Angebot und Nachfrage (und wenn nicht, ist der nächste Mansplainer, der es einem ungefragt erklärt, bestimmt nicht weit).

Arme und Hände: Haben sehr viel zu tun, siehe Brüste ausstreichen et cetera, und natürlich Baby halten, hin- & herwiegen, wickeln, streicheln, Fotos machen, Fotos verschicken ...

Bauch: Abgefahren, wie schnell aus der prallen Kugel eine schlaffe, leere Hülle wird. Das kann sich auch wie ein kleiner Abschied anfühlen, von den 10 Monaten der Schwangerschaft. Aber keine Sorge – die Rückbildung braucht ihre Zeit, und so sieht man noch eine gute Weile so aus, als sei man ungefähr im sechsten Monat schwanger.

Der Intimbereich: Olé! Ihr konntet es bestimmt kaum erwarten, dass ich hierüber erzähle? Da habe ich auf jeden Fall einiges loszuwerden. Und das kann man durchaus als schlechtes Wortspiel verstehen, denn: Alles fließt. Das kennt man als romantische Beschreibung der Wochenbett-Vorgänge (Alles fließt: Tränen, Milch und Blut). Okay, stimmt. Tränen fließen aufgrund der hormonellen Umstellung und des emotionalen Einfindens in die neue Lebenssituation. Milch fließt, das hatten wir schon. Blut fließt: hier ist der Wochenfluss gemeint. Die Stelle, wo sich die Plazenta von der Gebärmutter abgelöst hat, kann man sich wie eine Wunde vorstellen, die in den Wochen nach der Geburt blutet. Das ist dann wie eine sehr starke, langanhaltende Periodenblutung, weshalb man im Wochenbett so riesige Einlagen trägt, die wie Windeln aussehen. Partnerlook mit dem Baby, yay! Mini-Me, ist das nicht so ein Instagram-Trend?

Alles fließt, das stimmt also – aber: die Aufzählung ist unvollständig. Alles fließt und noch viel mehr: Denn was in ganz vielen Fällen auch fließt, und zwar leider unkontrolliert, ist Pipi. Das liegt daran, dass durch Schwangerschaft und Geburt der Beckenboden ziemlich in Mitleidenschaft gezogen wird. Das ist eine Muskelplatte, die den Bauchraum nach unten hin abschließt und dafür zuständig ist, dass die Schließmuskeln von Blase und Darm funktionieren. Genau da hat das Baby jetzt erst mal monatelang mit seinem Gewicht draufgelegen, um dann – im Falle einer vaginalen Geburt – dort einmal schön durchzupflügen. Das kann dann bereits während der Schwangerschaft und / oder im Wochenbett dazu führen, dass man den Schließmuskel nicht mehr richtig ansteuern kann und sich schwer damit tut, Pipi und / oder Stuhl zurückzuhalten, bis man auf dem Klo sitzt. Ja, auch Stuhl. Was sonst einfach automatisch und ohne darüber nachzudenken klappt, funktioniert jetzt nicht einmal mehr mit bewusster Steuerung. Besagte Windeln sind also doppelt praktisch!

Und wer jetzt denkt »okee, können wir bitte mit den Knien weitermachen?« – den muss ich leider enttäuschen, denn wir sind noch nicht fertig mit dem offiziellen WTF des postpartalen Intimbereichs. Da wäre nämlich noch das schöne Thema Geburtsverletzungen. Eine Kaiserschnittnarbe fällt, glaube ich, nicht im klassischen Sinne in diese Kategorie, aber hierzu sei gesagt: ein Kaiserschnitt ist eine große Bauch-OP, die neben der potenziellen psychischen Belastung einfach eine körperliche Versehrtheit bedeutet, von der frau sich erst einmal erholen muss. Im Falle einer vaginalen Geburt wiederum kann es zu Verletzungen im Intimbereich kommen – man bedenke, da schiebt sich einfach ein kompletter MENSCH durch. Die meisten von Euch haben wahrscheinlich schon vom sogenannten Dammriss gehört, das ist ein Riss im Gewebe zwischen After und Vulva. Klingt nicht so geil? Kein Problem, wir haben noch mehr Geburtsverletzungen im Angebot! Hämatome, Überdehnungen, Vulvariss, Vulvalippenriss, Klitorisriss, Zervixriss. Was darf es sein?

Knie: So, dann können wir JETZT fortfahren mit den Knien. Die Knie im Wochenbett sehen genauso komisch aus wie sonst auch. Nur dass es einem jetzt wieder auffällt, weil der Blick darauf nicht von einer riesigen Kugel versperrt ist.

Füße: Womit wir auch schon beim letzten Körperteil angelangt wären – den Füßen. Die haben im Wochenbett tatsächlich nicht so viel zu tun, weil es – hoffentlich glaubt es mittlerweile jede und jeder – wirklich gute Gründe dafür gibt, viel im Bett zu liegen und sich zu erholen. Und wie man da so liegt, ploppt dann aufgrund dieser ganzen krassen Erfahrungen hier und da der Wunsch auf, mit diesen Füßen einfach wegzulaufen. Ganz weit weg. Und es ist gut, dass man dazu nicht imstande ist (wie gesagt, der Weg zum Klo ist manchmal schon arg weit) – denn alles wird wieder besser und wenn man bleibt, wo man ist, erlebt man SO. VIEL. SCHÖNES als Mama. Echt wahr.

Das soll jetzt aber kein Abschluss sein im Sinne von »alles halb so wild« – ich widerstehe dem universellen Mutter-Reflex, jede Erwähnung, dass etwas herausfordernd oder anstrengend ist, mit der Relativierung abzuschließen, wie wunderbar und erfüllend man eigentlich alles findet.

Deswegen hier das **richtige Fazit:**

Mamas im Wochenbett: Ihr seid Heldinnen! Hoffentlich liegt Ihr viel rum, und dabei – und das ist kein Paradoxon – leistet Ihr SO viel. Also: erholt Euch! Lasst Euch helfen, unterstützen, umsorgen und redet darüber, wie es Euch geht.

Alle anderen: Ihr seid gemeint! Helft und unterstützt, wo Ihr nur könnt. Am besten ungefragt – dafür dürft Ihr fragen. Aufrichtig und interessiert: Frischgebackene Mama, wie geht es dir? Und was kann ich für dich tun?

Dazu gehört auch, zu akzeptieren, wenn die Antwort ist: Nichts. Ich brauche meine Ruhe und möchte keinen Besuch. Das ist ok und das MUSS. MAN. AKZEPTIEREN. Ohne Murren. Mit viel Mitgefühl.

Und falls Ihr eingeladen werdet – natürlich dürft Ihr auch das Baby bestaunen. Das sieht nämlich so süß aus und wirklich: es ist einfach ein kleines Wunder. Und dann wendet den Blick der Mama zu. Die sieht nicht so süß aus, sondern vielleicht eher wie ein Wrack. Wahrscheinlich fühlt sie sich wie ein Wrack. Und ganz sicher ist sie das: ein großes fucking Wunder.

Antonia Prasser, Jahrgang 1990, Wahlheimat Freiburg, ist Psychologin und zweifache Mutter. In ihren Texten, die sie auch auf Poetry Slam-Bühnen vorträgt, beschäftigt sie sich mit den Themen Nachhaltigkeit, Mutterschaft und mentale Gesundheit – sowie deren Schnittstellen.

Mona Krassu

End-Scheidung

Ursel weinte um ihre trächtige Katze, die als Aas auf der
Straße lag. Sie betete, weil auch Tiere eine Seele haben, dessen war sie sich sicher. Das Vaterunser wollte ihr nicht ein-
fallen. Stattdessen bat sie Gott, die Seele ihrer Katze in den
Himmel aufzunehmen. Dann holte sie eine Flasche Likör
aus der Kammer und ging rüber zu Jutta.

Augen auf. Abenddämmer.
Augen zu. Fest zu.
Ein Traum von Yolli.
Klingelgeräusch. Augen auf.
Eine Ahnung von Licht, draußen.
Augen zu.
Yollis Puppe bei ihr, ganz nah.
Ein Rufen. Augen auf.
Im Bauch ein Ziehen.
Hülle ohne Frucht.
Augen zu.
Ein Traum, flüchtig wie Zigarettenrauch.
Rauchen. Augen auf.

So dunkel innen und außen.

Ein Rufen, ihr Name.

Nicht Yolli. Yolli sprach nicht.

Augen zu.

Yolli, das Baby mit der blauen Haut. Axel, wie er sich abwandte und nach ein paar Wochen einfach nicht mehr kam. Yolli bewegungsfaul, so dachte Jutta, noch als Vierjährige im Kinderwagen.

Augen auf.

Ursels Stimme: »Gib Yolli in ein Heim! Die taucht ihren Löffel ein Leben lang in deinen Kochtopf. Hast du gesehen, wer meine Katze überfahren hat? Eine trächtige Katze, das muss man sich mal vorstellen. Und dann einfach liegen lassen. Auch Katzen haben eine Seele.«

Erst als Jutta nicht reagierte, beugte Ursel sich über sie. »Du isst nicht richtig, deshalb bist du so schwach«, sagte sie.

Essen war eine Entscheidung wie leben. Jutta hatte sich entschieden. Axel hatte eine andere Entscheidung getroffen. Er mit ausgestrecktem Arm vor ihrem Bett auf der Entbindungsstation. »Das Kind kann nicht von mir sein.«

Er ging, als sie stillte. Sie ahnte, er würde in die Kneipe gehen und saufen, bis der Wirt ihm nichts mehr ausschenkte.

»Sie müssen sie fördern, manchmal passieren Wunder.« Das hatte die Ärztin gesagt.

Jutta erzählte Axel davon, als er zwei Tage später vor ihrem Bett stand, in der Hand ein paar Stängel Pfingstrosen, wahrscheinlich aus einem der Gärten nahe der Kneipe.

»Sie braucht nur ein bisschen mehr Zeit, um sich zu entwickeln«, sagte Jutta. Aber Axel hatte schon die Hand an der Klinke.

Yollis Haut nicht mehr blau, als man sie entließ. Axel fand trotzdem etwas, das ihn an dem Kind störte. »Guck doch mal, das ist doch keine richtige Nase, außerdem schaut sie blöd.«

»Sie kann noch gar nicht sehen.« Sein Nicken so zögernd, dass sie wusste, er glaubte ihr nicht.

Ihre Entscheidung, nur sie und Yolli. Jutta hatte sich daran gewöhnt, fütterte, windelte, übte mit dem Kind sprechen, freute sich über jeden Laut, den Yolli äußerte, hoffte und glaubte, obwohl es für Yolli keinen Platz im Förderkindergarten gab. Deshalb hatte Jutta sich und Yolli taufen lassen. Sie hoffte auf die Diakonie, traf auf überforderte Schwestern, bekam auch hier keinen Förderplatz für Yolli, aber Verständnis und Rat.

»Ich bleib' jetzt da, wenn du willst. Also bei dir, und wir machen noch ein Kind.«

Zu fest hatte sie zugedrückt. Die Tasse zerbrach, ihre Hand blutete. Sie leckte das Blut ab, ließ kaltes Wasser über die Wunde laufen, sah sein Grinsen und sagte: »Verschwinde!«

»Du bist ja krank, genauso krank wie Yolli. Von dir hat sie das, jetzt weiß ich's.«

»Du sollst gehen!«

Sie suchte einhändig im Schrank nach Pflaster, dachte, muss vielleicht genäht werden.

Er nahm ein Glas aus dem Schrank, goss Wein ins Glas und in ihre Tasse, reichte sie ihr.

»Du musst dich beruhigen!«

Sie schluchzte auf, nahm die Zigaretten vom Tisch und schloss sich im Bad ein. Tief sog sie den Rauch ein und die kalte Luft, dann ging sie zurück. Er stand an Yollis Bett, starrte.

»Sag mir, dass du sie nicht lieben kannst! Sieh hin, sieh richtig hin!«

Seine Wangen rot jetzt. Jutta fragte sich, ob das vom Wein kam oder doch vom Anblick seiner Tochter.

Sie saßen in der Küche, tranken den Wein. Sie erzählte ihm von Yolli, was sie liebte, dass sie die Worte lieb und bes (bös) sprach, dass sie selbst die Krähen liebte und dass sie manchmal einfach so eine Hand oder einen Arm streichelte und dabei lächelte, obwohl es scheinbar keinen Grund dafür gab. Axel nickte immer nur, fragte aber nichts. Jutta ertappte ihn mehrmals dabei, wie er sie betrachtete. Ihr war, als berühre er sie, als könne sie ihn fühlen.

Sie stand auf, legte Wäsche zusammen, war froh, dass der Korb noch in der Küche stand.

»Du musst gehen.«

Er schüttelte den Kopf. Jutta knüllte eines von Yollis Hemdchen, ohne es zu merken.

»Yolli braucht dich ganz oder eben nicht.«

»Verstehst du denn nicht, ich will ein gesundes Kind. Ich brauche das.«

Sie sagte nichts, sah das Blut auf Yollis Hemd. Das Pflaster hatte sich gelöst. Sie öffnete Wohnungs- und Haustür. Er verstand.

Jutta sah, wie Ursels Katze ihm um die Beine strich. Die Katzen unterscheiden nicht wie wir, dachte sie. Sie entscheiden auch nicht, queren einfach Straßen, wenn die Beute auf der anderen Seite lauert.

Erst nach Monaten kam er wieder, fragte nicht, zwängte sich durch den Türspalt, betrat Juttas Küche, öffnete Schubladen und erst als er nicht fand, wonach er suchte, drehte er sich zu Jutta um und fragte: »Es ist dir doch recht?«

Nein, hatte sie gedacht, aber nicht gesagt, stand da mit roten Wangen. In ihrer Küche stand sie wie eine Fremde, nickte, und als ihr Erstaunen der Freude wich, ging sie ins Schlafzimmer, um Trainingshose und Shirt gegen ihr Kleid zu tauschen. Das Kleid, das sie zum letzten Mal getragen hatte, als sie ihm sagte, dass sie schwanger sei.

Ein paar Herzschläge lang stand sie vorm Spiegel, dann wischte sie mit einem Taschentuch den Kajalstift wieder ab. Das Kleid hielt sie sich samt Bügel vor die Brust und hängte es zurück in den Schrank.

Axel stand an Yollis Bett. Sanft strich er über ihren Handrücken. Jutta zwickte sich in den Arm, dachte nur jetzt, ging dann an ihm vorbei in die Küche, öffnete den Wein und schnitt Käse in kleine Würfel. Im Stehen trank Axel einen Schluck, streichelte dann mit einem Finger ihre Wange, ließ ihn an ihrem Hals hinabgleiten, umfasste ihre Brust. Es tat ihr weh. Sie ließ es trotzdem zu, spürte. Es war schnell vorbei. Jutta lag ein paar Herzschläge lang allein auf der

148

Couch, während er sich im Bad wusch. Die Frage, ob dies das Leben war, das sie sich wünschte, blieb unbeantwortet. »Soll ich bleiben?«, fragte er, griff nach seiner Jeans, zog sie an. Als er sein Glied in den Stoff zwängte, war das Jutta so peinlich, dass sie sich zur Wand drehte. Seine Frage beantwortete sie nicht. Er setzte sich auf die Couch, strich über ihren Rücken, wie man einer Katze über den Rücken streicht, sagte: »Wenn du willst, komme ich wieder. Ich mag Yolli, wirklich.«

Sie wandte sich erst um, als die Tür zufiel. Langsam stand sie auf, ging barfuss an Yollis Bettchen. Nein, dachte sie. Sie trug Yolli in ihr Ehebett, dessen andere Hälfte sie die fremde Hälfte nannte.

Axel kam nicht wieder, und sie entschied. Töten ist ein innerer Prozess. Leben, ein ungeborenes, bestimmt gesundes Leben, tot, wie Ursels Katze.

Jutta fragte sich, ob Seelen fliegen können, ob sie wirklich aus dem toten Körper herausfliegen, wie Ursel es behauptet hatte. Und ob sie ein Gewicht haben und wenn ja, wiegen sie dann gleich oder ist eine Katzenseele leichter als die eines Menschen und die eines Kindes schwerer als die eines Erwachsenen?

Ihr Selbstekel ließ sich nicht abduschen. Er blutete aus ihr heraus, vermischte sich mit dem klaren Duschwasser. Früher behaupteten sie, die Frau blute sich rein. Jutta sah den Strudel aus Wasser und Blut und Schaum, und sie fror, obwohl das Wasser heiß auf ihre Haut prasselte.

»In ihrem Fall versteht man das doch«, hatte die Ärztin gesagt und ihr eine Therapie empfohlen. Jutta dachte, mein Fall. Was ist denn mein Fall? Sie zog frische Sachen an, weiße Bluse, helle Jeans, aber in ihr blieb es Herbst.

Als könne man es sehen, ging Jutta mit hochgezogenen Schultern und eilig durchs Dorf. Sie zuckte zusammen, als Yolli einen Puppenarm fand und ihn aufhob. Den Dorfkonsum mied sie. Abends saß Jutta lange an Yollis Bett und las ihr aus *Der kleine Prinz* vor. Manchmal schien es, dass Yolli aufhorchte, wenn Jutta das Wort Schaf, Blume oder Prinz sagte.

Jutta hielt immer wieder inne und beobachtete Yollis Mimik, saß noch am Bett, wenn Yolli längst schlief, dachte an das Andere, stand nackt vorm Spiegel, kniff sich in den Bauch, drückte die Finger in das Fleisch, bis es weh tat. Nachts schluckte sie Schlafmittel, freiverkäufliche, die nicht halfen, sie nicht beruhigten und auch nicht schlafen ließen. Sie saß im Bett und dachte Sätze, die sie gerade noch vorgelesen hatte. Es waren immer dieselben Sätze in unterschiedlicher Reihenfolge.

»Wenn man ein Schaf möchte, ist das der Beweis, dass man lebt. Geradeaus kann man nicht sehr weit gehen. Wozu sind denn die Dornen gut? Die Blumen sind schwach.«[1]

Licht an.
Entscheiden.
Sich für das Aufstehen entscheiden.
Aufstehen, Zähne putzen.
Yolli.

Yolli, ihr Kind.

Kind mit Unterstützungsbedarf.

Stützen, sich selbst aufstützen.

Milch erwärmen.

Kaffee kochen.

Yolli waschen.

Yolli anziehen.

Zwei Katzen drüben im Garten.

Yolli zeigt auf sie.

Eine kleine noch und eine, die immer weg ist.

Yolli sagt ein Wort, keinen Laut, ein richtiges Wort.

Lieb.

Mona Krassu, 1969 im Thüringischen Weida geboren, lebt als Schriftstellerin in Gotha.

---

1 Aus dem *Kleinen Prinzen* von Antoine De Saint-Exupéry, in der Übersetzung von Dr. Hannelore Eisenhofer. Erschienen bei Nikol Verlagsgesellschaft mbH & Co. KG Hamburg 2016

Alma Maja Ernst

Ich habe Ja gesagt,
wo ich Nein sagen wollte

Ich bin wütend.
Ich habe Ja gesagt, wo ich Nein sagen wollte.

Okay, dann nehmen wir eben kein Kondom. Ich nehm zwar grad keine Pille und ich will auf keinen Fall schwanger werden, aber dann nehmen wir eben kein Kondom, wenn du das nicht magst, wenn du das doof findest, unangenehm, so was zwischen uns, ich will ja auch, dass du richtig was spürst, ich kann mir zwar kaum vorstellen, dass du rechtzeitig rausziehen kannst, aber du sagst, du hast das immer so gemacht, auch mit vorherigen Freundinnen, und da ist noch nie was passiert, du könntest das ja spüren, ob da Samen rauskommen.
Wie oft habe ich Ja gesagt, wo ich Nein sagen wollte?

Dass das saublöd und scheißgefährlich war, haben mir nachher alle anderen gesagt, dass man das nicht spüren kann, ob da schon vor dem Samenerguss Flüssigkeit austritt und dass die auch schon schwanger macht, ich hatte einfach Wahnsinnsglück.

Ja. Und ich hatte Wahnsinnsangst. Ich hatte Angst, allein zu sein. Keine Geborgenheit, keine Nähe, nur ich. Ich hatte so Angst, ganz mit mir zu sein.

Ich habe Ja gesagt, wo ich Nein sagen wollte.

Ich nehme zwar grad keine Pille und ich will auf keinen Fall schwanger werden, aber dann nehmen wir eben kein Kondom. Ich will nicht kompliziert sein, ich will jetzt nicht rumdiskutieren, ich will den schönen Moment nicht kaputt machen, und ich bin auch froh, wenn nicht ich dir dieses Ding anziehen muss, wahrscheinlich würde ich mich doof anstellen, und es ist ja eh alles schon so peinlich, und ich muss mich schon so anstrengen, meinen Kopf auszuschalten, also dann nehmen wir eben kein Kondom, wenn du das nicht magst, weil dieses kleine Ding den Energieaustausch zwischen uns beim Sex verhindern könnte.

Dass sich Energie von Materie aufhalten lassen soll, kam mir zwar damals schon komisch vor und heute weiß ich, dass es Quatsch ist, aber vor allem weiß ich:

Ich hab mir nicht vertraut. Ich hab lieber dir vertraut. Aber das hat nichts mit Vertrauen zu tun.

Ich habe Ja gesagt, wo ich Nein sagen wollte.

Ich dachte, du bist zweiunddreißig und ich doch erst siebzehn, du hast Ahnung vom Leben und ich nicht, du weißt schon, wie das geht, ich kann das von dir lernen.

Ja, ich hab was von dir gelernt: Alter hat nichts mit Weisheit zu tun, mit Wissen, Reife oder Verantwortung, es hat gar nichts damit zu tun. Egal, wie alt und erfahren du bist, es gibt keinen Grund, dir mehr zu vertrauen als mir selbst.

Ich habe Ja gesagt, wo ich Nein sagen wollte.

Warum ich denn nicht die Pille nehme, hat meine Frauenärztin gefragt, mein Partner, meine Mutter, meine Freundinnen. Ich hatte keine gute Antwort und meinem Gefühl hab ich schon lang nicht mehr vertraut. Das muss irgendwo zwischen Schule und Kindergarten verloren gegangen sein, zwischen »das macht man so« und »alle machen das«. Ich habe Frauenärztinnen und anderen Frauen vertraut, die mir sagten, dass mich die Pille schützt. Niemand hat mir gesagt, dass sie meinen natürlichen Körperrhythmus unterdrückt und meine Beziehung zu meinem Zyklus zerstört. Jahrelang habe ich Hormoncocktails genommen.

Aber ich hab was von euch gelernt: Es gibt keinen einzigen guten Grund, mir selbst nicht zu vertrauen. Egal, wie alt, erfahren, studiert oder gebildet ihr seid. Es gibt keinen einzigen Grund, euch mehr zu vertrauen als mir selbst.

Ich habe Ja gesagt, wo ich Nein sagen wollte.

Okay, dann nehmen wir eben kein Kondom, ich habs jetzt wenigstens mit dem Diskutieren versucht, und ich nehm ja eh grad die Pille, wir kennen uns zwar kaum, und in einer Woche bist du wieder auf Reisen, aber dann nehmen wir eben kein Kondom, wenn du das nicht magst, weil du beschnitten bist und dadurch eh schon weniger spürst und mit Kondom dann fast gar nichts, jetzt, nachdem du mir das alles erzählt hast, jetzt, wo ich weiß, wie scheiße du es findest, dass du als Kind aus religiösen Gründen beschnitten wurdest, wie das dein Lustempfinden beeinträchtigt, und ich will ja nicht auch noch dein Lustempfinden beeinträchtigen, ich will doch einfach nur einen schönen Abend mit dir, also nehmen wir eben kein Kondom.

Du hinterlässt mir sogar ein Geschenk, als du eine Woche später wieder auf Reisen bist. Chlamydien. Als meine Frauenärztin die Geschlechtskrankheit feststellt, nehme ich dich sogar noch in Schutz, du konntest das ja nicht wissen, dass du schon was hast. Ich simse dir, du sollst die Frauen, mit denen du vorher geschlafen hast, unbedingt informieren, egal, wie peinlich dir das ist. Ich hoffe, du hast das gemacht.

Ich wollte nicht kompliziert sein, ich wollte nicht rumdiskutieren, ich wollte nicht für mich einstehen, ich wollte meine Grenzen nicht klarmachen, ich wollte den schönen Moment nicht kaputt machen, ich hatte Angst.

Ich habe immer noch Angst. Aber ich mache so nicht weiter. In keiner Beziehung. Nicht mit Sexualpartner:innen, nicht mit Kolleg:innen, nicht mit der Familie, nirgends.

Ich möchte »kompliziert« sein dürfen. Und wer erlaubt mir das? Ich. Ich lerne wieder, Stopp zu sagen. Nein. Nein! Und es ist okay, wenn du mich scheiße findest, wenn du mit meinen Grenzen nicht klarkommst, wenn du die Beziehung deswegen beendest. Ich bin jetzt mit jemandem seit Jahren in einer Partnerschaft, der mein Nein respektiert. Aber vor allem respektiere ich mein Nein immer mehr. Ich beginne, mir wieder zu vertrauen. Meinem Körper, meinem Herzen, meinem kritischen Verstand, meiner Intuition beginne ich wieder zu vertrauen, Tag für Tag mehr, Nein für Nein mehr.

Ich mache schöne Momente kaputt, wenn sie gar nicht schön, sondern verlogen sind. STOPP, sage ich. Irgendwas fühlt sich grad nicht gut an. Lass uns eine Pause machen. Lass uns nachspüren.

Ich hab immer noch Angst. Aber ich vertraue mir mehr. Auch dann, wenn es unangenehm ist. Ich möchte das aushalten können, wenn es zwischen uns unangenehm ist. Wenn ich Nein sage und du wütend wirst und gehst und ich allein bin. Oder wenn du Nein sagst und ich wütend werde und gehe. DANN möchte ich sagen und nur dann: Okay, dann brauchen wir heute wohl kein Kondom.

Alma Maja Ernst, geboren 1987 in München, studierte Schauspiel, Gesang und Tanz. Sie arbeitet als Autorin und Sprecherin sowie als interdisziplinäre Künstlerin im sozialen Raum.

Amrei Schommers

Am Ende der Treppe

Ich laufe durch das Rotlichtviertel der Stadt, sehe Leuchtreklamen und Schilder mit roten Herzen und nackten Frauen auf Stöckelschuhen. »Ladies«, »Girls«, »24 hours open« prangt mir grell blinkend entgegen. Am Eingang eines der Häuser hängt rechts neben der Tür ein Plakat. Es zeigt einen Mann, der mit Schuhen und heruntergelassenen Hosen die nackten Brüste einer Frau besteigt, die linke Hand im Schritt, in der rechten Hand hält er etwas, das aussieht wie ein Speer. Über dem Plakat steht »Viva la Prostitución«, darunter hängt ein Schild »Zutritt für Frauen verboten«. Deutlicher kann man wohl nicht zum Ausdruck bringen, wer hier das Sagen hat und wer nicht.

Auf der anderen Seite der Tür hängt ein weiteres Schild »Kennenlernangebot für Damen. 12 Stunden im Bordell für 85 € inklusive Einarbeitung von Porno Micha«. Ich frage mich, wie diese Einarbeitung durch Porno Micha wohl aussieht. Die 85 Euro sind jedenfalls ein Schnäppchen, denn üblicherweise kosten die Zimmer die Frauen 150 Euro pro Nacht.

Bei einer Führung durchs Viertel erzählt der Wirtschaf-

158

ter eines Laufhauses uns recht freimütig, dass es den meisten Stress um den Quickie für 30 Euro gibt. 30 Euro sind der Startpreis für 15 Minuten Sex. Das »Geiz ist geil«-Paket des Rotlichtviertels quasi. Wird von den Freiern häufig nachgefragt. Danach sind sie aber oft unzufrieden, weil sie zu früh kommen, gar nicht kommen oder irgendetwas anderes stört. Sie fühlen sich als Betrogene und drohen damit, die Polizei zu rufen und Anzeige zu erstatten. So gut wie alle ziehen aber zurück, wenn sie hören, dass eine Anzeige mit einem Brief nach Hause verbunden ist. Mann möchte dann wohl doch nicht riskieren, dass Frau oder Kinder erfahren, dass er eine bulgarische Armutsprostituierte wegen 30 Euro auf Schlechtleistung verklagen möchte.

Über die Kameras im Wirtschafterzimmer sehe ich Männer treppauf, treppab laufen. Ich frage, ob das immer so ist. »Ja«, sagt der Wirtschafter, die Männer wollten sich erstmal einen Überblick über das »Angebot« verschaffen, bevor sie sich für eine Frau entscheiden. »Treppensteigen« nennen die Freier das.

Die Frau, die wir in dem Zimmer am Ende der Treppe besuchen, ist Anfang 40. Sie stammt aus Rumänien und arbeitet seit fast 20 Jahren als Prostituierte in Deutschland. In dem Zimmer steht die Luft, und es ist weit über 30 Grad an diesem heißen Sommerabend. Die Frau ist sechs bis sieben Tage die Woche da, denn sie muss das Zimmer die gesamte Woche zahlen, auch wenn sie krankheitsbedingt ausfällt und auch wenn sie an einem Tag kaum Kunden hat. Zeit für Privatleben bleibt bei diesen Arbeitszeiten nicht, aber sie könne sich ohnehin keine Beziehung mit einem Mann mehr vorstellen. »Da ist kein Vertrauen mehr«, sagt sie. Die Frau möchte nicht, dass ihre Familie weiß, dass sie als Prostituierte arbeitet. Zu Hause erzählt sie, sie arbeite in einer Bar. Sie berichtet uns, dass trotz der zahlreichen Hinweisschilder auf die gesetzlich vorgeschriebene Kondompflicht, viele Männer nach Sex ohne Kondom fragen. Und dass die Frauen es manchmal auch ohne machen, weil das mehr Geld bringt. Die Männer würden ohnehin fast alle versuchen, den Preis zu drücken. Auch der Freier, der sie zuletzt besucht hat und so aggressiv wurde, dass sie den Notknopf drücken musste. Immerhin gibt es hier einen Notknopf.

Während des Gespräches schauen einige Männer neugierig ins Zimmer, ziehen aber schnell weiter, wenn sie sehen, dass eine Besuchsgruppe mit Frauen da ist. Ich frage mich, wie es sein kann, dass sich in Deutschland Männer immer noch Frauen kaufen können, so einfach wie einen Döner an der nächsten Ecke.

Vielleicht sollten wir mal überlegen, ob wir, statt die Frauen mit Notknöpfen vor aggressiven Freiern zu schützen, das Freiertum nicht einfach abschaffen könnten.

Leider fällt unseren Politiker*innen dazu oft nichts anderes ein, als etwas vom »ältesten Gewerbe der Welt« zu erzählen. Was faktisch nicht stimmt und zudem eine krasse Verharmlosung von jahrhundertelanger Ausbeutung und Gewalt gegen Frauen und Mädchen ist.

Sehr beliebt ist auch das Argument von angeblich steigenden Vergewaltigungsraten, wenn es keine Prostitution gäbe. Statistiken zeigen, dass das Gegenteil der Fall ist. Dort wo Sexkauf unter Strafe steht und Männern das Signal gegeben wird, dass sie eben nicht einfach über Frauen sexuell verfügen können, nimmt die Gewalt gegen Frauen ab.

Wie kann es sein, dass ich in einem Land lebe, das sich in großen Lettern eine feministische Außen- und Entwicklungspolitik auf die Fahnen schreibt, aber beim Feminismus im eigenen Land versagt. Weder bei der Umsetzung der Istanbul Konvention, dem Kampf gegen Femizide noch bei der Prostitution stehen wir im internationalen Vergleich besonders gut da.

Andere Länder bekommen das deutlich besser hin: Während Deutschland sich vor rund 20 Jahren für eine Liberalisierung der Prostitution entschied, führte Schweden etwa zur gleichen Zeit ein Sexkaufverbot ein. Seitdem wurde in Schweden nur eine Frau aus der Prostitution getötet. In Deutschland waren es im selben Zeitraum um die 100 Morde und Mordversuche. Die Täter sind in der Regel Freier oder Zuhälter. Statt vom ältesten sollten wir also besser vom tödlichsten Gewerbe der Welt sprechen.

Immerhin werden die kritischen Stimmen langsam mehr, und sie werden lauter. In fast allen Parteien gibt es inzwischen Bündnisse, die sich für einen Wandel in der Prostitutionspolitik im Sinne des Nordischen Modells einsetzen. Die CDU / CSU spricht sich sogar als Fraktion dafür aus. Ich frage mich, warum die anderen Parteien sich nicht auch klar positionieren können.

Die Befürworter*innen der Liberalisierung berufen sich oft auf wenige, aber medial sehr präsente Frauen, die nicht selten als Sprecherinnen für Verbände der Sexindustrie fungieren. Sie bezeichnen sich als selbstbestimmte und glückliche Sexarbeiterinnen.

Auffällig ist, dass diese Frauen in der Regel nicht in Bordellen oder Laufhäusern oder gar auf dem Straßenstrich, sondern in eigenen Studios arbeiten. Sie bieten meist nur bestimmte Praktiken an, wie Rollenspiele, SM oder Bonding. Geschlechtsverkehr findet dabei häufig gar nicht statt. Sie haben üblicherweise einen Berufsabschluss und professionelle Websites mit AGBs und Preisen, die es ihnen erlauben, selektiv bei der Auswahl ihrer Kunden zu sein. Und sie berichten von überwiegend respektvollen Freiern.

Ich möchte die Aussagen dieser Frauen nicht in Frage stellen. Wenn einige wenige ganz gut zurechtkommen, rechtfertigt das aber nicht die Aufrechterhaltung eines Systems von Ausbeutung und Gewalt, das die überwiegende Mehrheit der Prostituierten erfährt.

Denn die Frauen aus der Prostitution, denen ich begegne, erzählen mir andere Geschichten.

Geschichten von jungen Familienvätern mit Kindersitz auf der Rückbank, die gegen ihren Willen schmerzhafte Praktiken aus Hardcore Pornos von ihnen fordern.

Von Freiern im Alter des eigenen Vaters, die sich wundern, wie man als junge Frau in der Prostitution landen könne. Denn sie selbst würden ja niemals zulassen, dass die eigene Tochter sich prostituiert.

Von Freiern, die Spaß daran haben, die Frauen zu quälen und zu demütigen oder ihnen (Todes-)Angst einzujagen. Von Männern, die mit Tränen in den Augen von den Missbrauchserfahrungen einer Bekannten erzählen und nicht erkennen, dass sie selber gerade Missbrauch ausüben.

Von Freiern, die sich nach dem Sex weigern zu zahlen, weil die Leistung angeblich nicht gestimmt habe.

Von Menschenhändler-Netzwerken, die in osteuropäischen Ländern minderjährige Mädchen für die Prostitution »rekrutieren« und »ausbilden«, um sie, sobald sie volljährig sind, in die Bordelle und Laufhäuser nach Deutschland zu bringen.

Wenn ich so etwas höre, werde ich richtig ungehalten.

Was mir aber wichtig ist: Es geht mir nicht darum, zu moralisieren oder Menschen in ihrer Sexualität einzuschränken. Sondern darum, genau und differenziert hinzuschauen und real stattfindenden (Macht-)Missbrauch, Ausbeutung und Entwürdigung nicht als »selbstbestimmte Sexarbeit« oder gar als »Beruf wie jeder andere« zu verharmlosen.

Neben dem Hinschauen geht es ums Zuhören. Und zwar vor allem denjenigen, die Expertinnen für das Thema sind, weil sie eigene Erfahrungen mit Prostitution gemacht haben. Frauen wie Huschke Mau oder Sandra Norak, die den Ausstieg geschafft haben und ihre Erfahrungen öffentlich machen, weil sie nicht möchten, dass andere Mädchen und Frauen dasselbe durchmachen müssen. Die Netzwerke aufgebaut haben, in denen Betroffene sich austauschen und

163

organisieren können. Diese mutigen Frauen verdienen unsere volle Anerkennung und Unterstützung.

Ein anderer Umgang mit Prostitution ist möglich. Das zeigen Länder wie Schweden, Frankreich oder Kanada. Auch das EU-Parlament und der Europäische Gerichtshof für Menschenrechte haben bereits klar Stellung gegen die Liberalisierung und für ein Sexkaufverbot bezogen.

Ich bin überzeugt: Auch Deutschland kann einen anderen Weg gehen.

Warum? Vielleicht wegen der Roten Karte.

Während der Fußball-Europameisterschaft habe ich mich gemeinsam mit anderen Aktivistinnen an der bundesweiten Aktion »Rote Karte für Freier« beteiligt. Wir haben in der Fanzone einer deutschen Großstadt Flyer verteilt. Ich dachte, wir müssten uns auf einige blöde Sprüche der Fußball-Fans einstellen. Es gab aber keine blöden Sprüche, sondern viel Interesse und viel Zustimmung. Vor allem von den Männern. Viele haben die Roten Karten mitgenommen, viele haben sich bei uns bedankt. Das macht Hoffnung. Hoffnung, dass ein Wandel möglich ist und wir in der Gesellschaft vielleicht schon weiter sind als in der Politik.

Amrei Schommers, geboren 1983, studierte Sozialwissenschaften und ist beruflich in der internationalen Zusammenarbeit tätig. Durch ihr ehrenamtliches Engagement für SISTERS e. V. und den Bundesverband Nordisches Modell ist sie in Kontakt mit Frauen, die in der Prostitution aktiv sind oder waren.

Tara Meister

Was Undine weckte

Ich weiß nicht, was soll es bedeuten …
… dass ich so traurig bin

Am Felsen im Abendsonnenschein hockt die Lorelei und
singt ihr Lied, verführt, lockt in den Tod.

Ungeheuer! Ungeheuer!

Arm sind die Verführten im Boot und weh und ach, und
wie soll Mann auch widerstehen, den süßen Gestalten,
machtlos sind sie, die Männer, erlegen dem bösen
Schönen.

Und wir, wir sind die Fische: Wir sprechen nicht. Würden
wir sprechen, würden wir sagen: Wirklich? So gefährlich
die Stimme einer Frau? Aber wir sagen nichts. Wir sagen
nicht: Wenn Ihr dem nicht widerstehen könnt, vielleicht
solltet Ihr dann nicht: Länder regieren, Konzerne führen,
Städte planen und die Weltmeere befahren.
    Wir, wir sind die Unterwasserwesen. Wir treiben unter

Wasser. Treiben unser Unwesen. Wir sind Unwesen. Wir erzählen nicht von dem Gewesenen. Weil wir stumm sind. Wir waren anwesend. Bei jeder einzelnen Ungerechtigkeit waren wir dabei, stumm unter der Oberfläche. Und ich weiß nicht: was soll es bedeuten, dass wir so traurig sind? Vielleicht könnten wir es ja erzählen, zum Ausdruck bringen. Aber Fische haben keine Stimme.

Woher die Angst? Vor den Stimmen der Frauen?

Ungeheuer! Ungeheuer!

Die Lorelei singt ihr Lied. Was wollte der Fischer von ihr, der sie anblickte, gebannt, was hat er sich ausgemalt beim Anblick dieser Frau? Wer ist das Ungeheuer?

Geschichten von Wasserwesen, den Nymphen und Nixen, die mit ihren Stimmen verführen und ins Unglück stürzen, nicht Mensch, nicht Tier, sie singen, sie sprechen. Hütet euch.

Ingeborg Bachmann schreibt die Erzählung »Undine geht« 1961

Hörst du, Hans, hörst du?
Nein, Nein, sie wollen sie nicht hören, die Männer,
die Stimme der Undine, denn sie wird sie ins Unglück
    stürzen, diese Stimme,
denn sie ist mehr als nur ein Echo, Echo. Hüte dich, Hans
    im Glück.
Und du geh, Undine, zurück ins Wasser.

Der Sage nach bekommt das Wasserwesen Undine erst eine
Seele durch die Vermählung mit einem Mann.

Zwischen Mann und Frau beginnt sie, sagt Bachmann, die
Gewalt.

Hans! Hans!
Undine – in ihrer Welt das Andere, immer wieder
das Andere
verführt das Eine mit ihrer Stimme, Undine
sie haben Angst vor deiner Stimme, Undine
fürchten, du könntest sprechen
Und wirklich: Etwas bewegt sich unter der Oberfläche.

Undine bedeutet Welle.
Wirft man einen Stein ins Wasser, dann ist jede Welle
	Ausgangspunkt einer neuen Welle
es entsteht Bewegung, wandert über die Oberfläche, was
	wartet unter der Oberfläche?
Blasen steigen auf
Was atmet unter der Oberfläche
Was spricht dort stumm am Grund
Taucht auf
Schnappt nach Luft, ruft

Wir Wasserwesen, wir anders Gewesenen, so lange Zeit
blubbern und murmeln und gurgeln
tief unten am Grund

und die Stimmen steigen nach oben
als silberne Blasen
die aufplatzen werden an der Luft
und die Worte freilassen, bald
kocht der See

Undine bedeutet Welle
Undine sucht ihre Form
in The Waves schreibt Virginia Woolf:
»Alone, I often fall down into nothingness. I must push my
foot stealthily lest I should fall off the edge of the world
into nothingness. I have to bang my head against some
hard door to call myself back to the body.«

Wo sind sie hin, die ungehörten Ungeheuer, die
    Unerhörten, Ungeheuren
wo will sie hin, Undine
was will die kleine Meerjungfrau
sie wollen an Land, aus dem Wasser und in die Welt der
    Männer
eine Seele, ein Subjekt werden und
Boden unter den Füßen, eine Sprache finden will sie,
    Undine
Und ihnen ist das nicht geheuer. Ihnen sind wir
    Ungeheuer.
Wir Wasserwesen dieser Welt, uns ins Gesicht blickt
    Narziss, und sieht uns nicht, sieht nichts,
nur die eigene Spiegelung

sieht sich selbst, nicht was darunter liegt
hört nicht, wie wir rufen
Und Echo ist dazu verdammt
Narziss nachzusprechen
Wiederholt seine Worte
Hat keine eigene Sprache
ist bald
körperlos, nur noch Stimme

und wir, die Nymphen, Wasserwesen dieser Welt
im Schatten der Sprache, der Spiegelung
des männlichen Subjekts
wir wollen
eine Stimme
in der Welt der Ungeheuer

wir sind
das Andere,
und das männliche Eine, schreibt Friederike Hassauer,
»Das Eine artikuliert sich nur um den Preis der
Sprachlosigkeit des Anderen«
Undine bedeutet zu scheitern
an dieser Welt der Ungeheuer
Bachmann schreibt:
»Sie dürfen nur flüstern und werden sich das Flüstern
nicht abgewöhnen in diesem Leben.«

Die kleine Meerjungfrau verliert ihre Stimme, um an Land
gehen, um bei einem Mann sein zu können, stumm,
aber er erkennt sie nicht und wir,
wir haben uns alle die Haare abgeschnitten, damit sie
leben, damit sie eine Stimme haben wir uns alle die
langen schönen Haare, damit wir mehr –
dann ist sie Meeresschaum geworden, weil sie den Mann
nicht töten konnte, und Aphrodite wird geboren aus
dem Meeresschaum, wird Venus, wird Bild,
Symbolbild, wird das Andere und Frauen werden
ausgestellt, das Andere, angestarrt
und schreiben ungesehen und hineingeboren in diese
Welt wird Ingeborg Bachmann,
mitten hinein zwischen die Berge und widerspricht
aus der Tiefe hinauf und sucht
und wir
schneiden uns immer wieder die Haare ab
solidarisch Zopf für Zopf
Ich glaube, am Ende verschlingen ...
Ich glaube am Ende
Am Ende

solidarisch schneiden wir uns die Haare ab, damit du
deine Stimme bekommst
damit du eine Seele bekommst ohne Mann
Undone, Undine, let it be undone
Worte sind gesprochen Schall
Schall ist Welle, breitet sich aus, leise oder laut

Und wie es dich umspielt das Wasser, Undine, da spürst
    du
plötzlich deine Form
wirst Form und Körper und getragen
von den Wellen

Hör nicht, hör niemals nicht, Hans, dieser Stimme zu,
    hörst du?
Hör nicht auf diese Stimme, hör auf
Hör auf, Hört auf
Ihr Ungeheuer

Das Wasser schluckt die Stimme
Sie schluckt das Wasser
Sie schluckt
die Sprache, würgt

Undine bedeutet Welle
Bewegung entsteht

Denn noch heute, Undine
Suchen wir diese Seele,
die Form, die Sprache, ohne Mann
die uns zusteht
ist es vorstellbar eine Stimme
die aus der Tiefe heraus
ihren Weg findet
aufsteigt aus der Stille

können wir uns vorstellen
was eine andere Sprache, eine andere Stimme
oder ist alles, was wir verlangen können
eine Duldung als das Andere
in der Welt des Einen

Undine spricht:
Ich bin durch die Worte gegangen
Ich bin durch die Worte und habe eine Form
Eine Form gesehen
Durch die Worte habe ich
eine Form gesehen
eine Form habe ich
durch die Worte gesehen
Gesehen, dass durch die Worte eine Form
eine Wahrheit
suche eine Form, eine Wahrheit
suche
eine Frau in den Worten
Worte, die zu einer Frau werden können
Frauen zu Worten
Frauen zu Wort

Jeder, der fällt, hat Flügel
Fällt ein Wort
Lautlos
Fallen tausend Worte über Dich, decken
Dich zu

Fallen tausend Frauen
Nicht auf
Lautlos
Kommen nicht auf

Kommt zurück, was man hinein, immer wieder, was man
    hinein
Ob es anders geht
ob, ob
Objekt zurückgeworfen auf das Objekt-sein

Können wir fragen wir, die Fische
Können wir Frauen fragen die Fische
Sehen aus dem nicht männlichen Blick
Sehen außerhalb der Projektionen
Können, fragen die Frauen
Wir uns sehen außerhalb
Können wir eine Form, eine Wahrheit finden
Können wir über Ingeborg Bachmann sprechen, ohne
    über
Männer zu sprechen, kann sie außerhalb der Projektionen
    eines männlichen Blicks
Können wir Worte, eine Form

Sie tun uns ihre Sprache an, die Sprache der Ungeheuer
und wir wollen unsere Stimme zurück
öffnen den Mund weit unter Wasser
unter Wasser brennen wir

Und das hier

das Brodeln und Tosen unter der Oberfläche soll
   aufbrechen
und zur Summe aller ungehörten Stimmen werden
es ist mehr als nur ein Echo, *Echo.*

Tara Meister, geboren 1997, studierte Medizin in Wien
und aktuell Literarisches Schreiben am Deutschen
Literaturinstitut Leipzig, schreibt Spoken-Word-
Texte, Kurzprosa und Theaterstücke, ihr Debütroman
»PROBEN« erschien 2024 im Residenz Verlag.

S. Fischer Verlag (Hg.)
Aber jetzt ist Schluss!
Neue ungehaltene Reden ungehaltener Frauen

Bereits im dritten Jahr ergreifen Frauen jeden Alters und jeder Herkunft das Wort und reden über all das, was sie ungehalten macht. Unter anderem schwere Schicksalsschläge, der Kampf zurück ins Leben, unerreichbare Körperideale und die Reduktion auf das Äußere.

Was diese Reden eint, ist ihr beherzter Widerstand gegen ein System, das dem Schweigen bisher zu viel Raum gegeben hat:

Aber jetzt ist Schluss!

»Dieses Buch schenkt nicht nur Wut, sondern auch Mut.« (Handelsblatt)

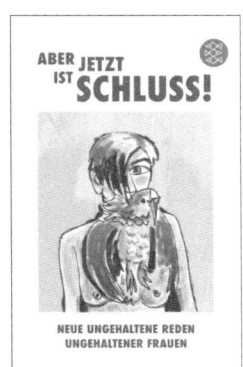

208 Seiten, Klappenbroschur
978-3-596-71043-0

Weitere Informationen finden Sie auf
www.fischerverlage.de

Ungehaltene Frauen
Sag jetzt nichts, lass mich zu Ende reden!
Neue ungehaltene Reden ungehaltener Frauen

Jetzt reden wir!

Frauen ergreifen das Wort. Sie sind jung, sie sind alt, sie kommen von überall und haben die unterschiedlichsten Geschichten. Doch eines haben sie gemeinsam: Sie sind ungehalten. Und sie wollen nicht länger schweigen in einer Welt, die Frauen immer noch viel zu wenig zu Wort kommen lässt. Die in diesem Band versammelten Reden sind zornig, komisch oder nachdenklich. Gemeinsam und mutig erzählen sie von Verletzlichkeit, Widerstand und Aufbruch.

208 Seiten, Klappenbroschur

Weitere Informationen finden Sie auf
www.fischerverlage.de